給 **大學新生** 的

81 條建議

啟揚、趙曉蘭◎著

U0082303

目錄

金榜題名時（代序）

　　記得三年前的那個暑假，我懷著從題庫書海中解放的興奮和等待最後宣判的複雜心情，在期盼和等待中送走了朝朝暮暮。特別是臨近公布考分的那些天，可以說是吃不香，睡不好，坐立不安。明知肯定能上大學，但究竟是什麼大學、什麼專業能錄取我？不見到錄取通知書，心裡總是不踏實。終於等來了考分公布！

　　終於等來了期盼已久的錄取通知書！
　　哇！我是一名大學生啦！
　　「金榜題名時」，人生的一大快事！

　　此時你的心情：激動、興奮、喜悅，或許還夾雜著一絲失望——

　　因從「考試地獄」勝利大逃亡而喜悅；
　　因自我的價值得到證實而興奮；
　　因即將面臨一種全新的生活而激動；
　　也可能因沒有上到自己理想的學校與專業而失望。

此時你的心態：你的心已飛向那夢幻般的校園，恨不能明日就起程；你對全新的生活無限憧憬，但你對陌生的生活又不無擔憂。

此時你最想什麼？最想有人與你聊聊大學生活，難道不是嗎？

好的，這裡有大學裡的學生、任課老師、班導師、專職學生工作幹部、心理學專家。他們會告訴你：上大學之前要做哪些準備？如何生活？如何學習？如何交往？如何參與社會活動？如何調適自己的心態？他們會就大學裡的一些情況，向你提出種種忠告與建議。他們說的不可能全對，但他們說的肯定對你有參考價值。

來吧！反正現在有不少空餘時間，讓我們來個徹夜長聊。

第一部分：拿到錄取通知書以後

1、別把大學生活想像得太美好

學生如是說：

記得拿到錄取通知書的那天晚上，我幾乎徹夜未眠。滿腦袋都是對未來美好生活的憧憬。可是進了大學後，我發現理想與現實之間卻有著那麼大的距離。當然，我不否認大學生活有許多令人陶醉之處，我只是想告知後來者，期望值不要太高，太高了反而會感到失望。

分析與建議：

拿到錄取通知書以後，你就是一個準大學生了。準大學生由於對大學生活不瞭解，的確存在著一些心理失誤。如果我們提前知道了這些心理失誤，以後的失落感就會小一些。當然，我們絕不是刻意要給大學生活抹黑，相反，我們認為大學生活是人生中最寶貴的一段經歷。之所以要指出這些心理失誤，目的在於使大學新生對大學生活有一個恰當的期望值，從而更好地享受大學生活。

1

失誤之一：我是大學生，我是天之驕子

進了大學門，你就會發現，沒人把你當什麼驕子，你只是大海中的一滴水，草原上的一棵草。在校園裡一眼看過去，不是和你一樣的大學生，就是比你還「高」的碩士生、博士生，剩下的就是你的老師。

失誤之二：進入大學以後日子很舒服，學習不用多認真

比起高中時期的「考試地獄」，在大學中心情的確可以放鬆一些，但肯定不是不下功夫就能混得過去，更不是不下功夫就能混得很好。學測的壓力是沒有了，但就業又何嘗是一件輕鬆的事。

失誤之三：終於擺脫了父母的嘮嘮叨叨了

的確沒有父母的嘮嘮叨叨了，但同時也沒有父母的悉心照料了，而當你想得到父母的幫助時，「想家」情結可能會油然而生。

失誤之四：生活問題都是小事，不用多考慮

心理學家告訴我們，人類最基本的需要是生理需要，即吃、穿、住、喝、性。基本的生理需要如果得不到滿足，其他高級類型的需要很難發生。況且，我們在高中裡過於專注於學習了，生活能力差是一個不爭的事實。在大學裡，生活問題不是不要多考慮，而是一定要補上這一必修課。

失誤之五：我將依然是佼佼者

考上大學的同學，尤其是考上國立大學的同學，在原來的高中裡，肯定是佼佼者，是老師、同學、家長、親戚、朋友、鄰居稱讚的對象。然而，「山外青山樓外樓」，由於對照組的變化，你可能變得相對「平庸」，甚至較差。你得有接受這一現實的心理準備。

失誤之六：這是最輕鬆、愉快的一個暑假，除了玩別無他事

這個暑假確實比其他假期都要輕鬆、愉快，但卻不是除了玩別無他事。你在學習、生活以及其他方面都將面臨一種全新的生活，有大量的準備工作要做。

失誤之七：大學教授個個水平高，由他們指導，肯定可以的

未必，有水平高的，也有不怎麼樣的；有負責任的，也有不負責任的。不要奇怪，也不要驚訝，社會本來就是由各色人等構成的。

失誤之八：上了大學以後，前程將是一片坦途

上了大學可以說是上了一個新的階段，但絕不意味著是一片坦途。新的、更嚴峻的、更現實的人生考驗在等著你。

2、拿到錄取通知書應做哪些準備工作

學生如是說：

經過 12 年的寒窗苦讀和幾個月的等待，我們終於迎來了錄取通知書。在拿到通知書後放鬆一下是可以的，但絕對不可以從此沉迷於網路，或是無所事事的一直等到報到的那一天。其實，這時已是你從高中到大學的過渡階段，這段時間把握住了，你可以準備得充分一些，以便更好更快地適應大學生活。

分析與建議：

瞭解你的學校以及院系

填報志願的時候，你可能對你的學校和院系專業已有所瞭解。但由於時間關係，也由於當時選擇的學校比較多，所以瞭解的廣度和深度都不夠。現在你有大量的時間，也有了明確的目標，可以深入瞭解你將生活四年的學校了。這種瞭解會對你今後的生活與學習有很大的助益。

須要瞭解的內容有：學校概況、學校特色、專業設置、院系老師的學術專長等等。

瞭解的最佳途徑是上網。每個學校都有自己的網站，而且一般內容都比較豐富、詳實，可以反覆瀏覽。

還可以向這個學校的在校生或畢業生請教，向他們瞭解一些更深層次的情況。

瞭解你將生活的城市

如果你是到外地上大學，而這個地方離你的家鄉又比較遠，瞭解你將生活的城市將是一件很有必要的事情。

瞭解的內容有：城市概貌、風土人情、飲食習慣、交通狀況等。

可以上網，可以找當地人或曾在那裡生活過的人。這對你迅速適應當地生活是有幫助的。

辦理相關手續

學校在寄給你錄取通知書的同時，會書面通知你辦理相關手續的項目、時間和程序。對於學校的這些文件，你要和父母一起仔細、認真地研究，逐項辦理。

你要做的事情有：

弄清報到時間、地點（現在許多學校都有幾個校區）、聯繫電話、聯繫人。

弄清學校代辦的各種生活用品，看看自己還需要攜帶的其他生活用品。

通常，學校會提供給你一個帳號，你可以把學雜費直接匯到這個帳號上，這可避免旅行時攜帶大量現金。特別提醒：一定要保存好銀行回執聯，並在報到時隨身攜帶，以備查。

生活用品的準備

首先是衣服。如果學校離家比較遠，那麼四季的衣服都要帶上；如果比較近，而中途假期又有回家的打算，可分批攜帶。所帶的衣服應以實用的、易洗滌的為主。也不要太多，因為宿舍裡的空間並沒有多大。

其次是一些生活小用具，如電扇、水果刀、抹布、衣架、檯燈、鎖等等。這些生活小用具，學校的超市也是可以買到的。如果你原來就有這些東西，建議還是帶上為好。當你獨立理財以後，你會發現要花錢的地方實在太多了，而且這些東西，還是用順手的最好。

再次是學習用品。不同的專業，學習用品可能不盡相同，可請教學這個專業的熟人，問問他們有哪些東西是必不可少的。

最後是還可以適當帶一些藥品，如常用藥或自己常需服用的藥物。

生活自理能力的培養

小學時我們太小，高中時我們太忙。客觀地說，這一代大學生生活自理能力是不盡如人意的。上大學後，我們必須自己料理自己的生活了。所以在這個假期裡，我們要惡補一下生活自理能力。

所有要辦的手續，要採購的物品，包括上學用的車票，悠遊卡都應當自己去辦，再也不要父母代勞。這本身就是個鍛鍊的機會。

向媽媽學習洗衣服、縫鈕扣等其他生活常識。

向常出差的人瞭解一些旅行常識和需要注意的問題。

學習方面的準備

學生以學為主，學生以學為生。學習方面的準備當然是重頭戲。

當你知道你的專業後，你可以請教一下親朋好友高中這類專業的學長們，這樣你可以為自己的專業早做準備。有可能的話，找幾本專業書隨便翻翻。

無論學什麼專業，英語的學習都不能放鬆。新生入學後有些學校要進行英語的分級考試，一級班和二級班的教學計劃有所不同。所以還是要保持每天有一定的英語閱讀量，這樣在考試中才不至於生疏。

對於理工科的學生來說，還要做好高等數學的預習工作。開學後，數學的進度非常快，很多同學學起來會覺得吃力，考試也會有一部分同學不能及格，所以預習數學也很有必要。

「大一」不是「高中」，無論是學習內容還是學習方法都有了很大的變化，以前慣用的學習方法與學習策略可能有一些已不再適用。可以向在校大學生多多請教。

心理方面的準備

這方面的準備為大多數人所忽略，但這一方面的準備卻又是必不可少。大學新生進校後最大的困惑往

往就在心理方面。具體而言，要做好應對出現下述心理現象的思想準備：

孤獨感——「獨在異鄉為異客」的痛苦。

迷茫感——圓了多年的大學夢以後，不知道下一個目標是什麼？

失落感——不再優秀，不再傑出，不再為人所追捧。

與環境難以相融的困惑。

對新的學習內容、學習方式的不適應。

3、臨行前要做的幾件事

學生如是說：

三天以後，我就要踏上旅途，到從未到過的異地求學去了。

我是滿懷興奮與期待，可家裡的氣氛卻顯得有點

異樣。爸爸的話變少了；媽媽常常暗自垂淚；奶奶一個勁抱怨幹嘛要到那麼遠的地方去上學。這令我想起了學過的一篇課文《背影》。

離家前的最後的日子裡，我該做點什麼呢？

分析與建議：

「兒行千里母擔憂」。近二十年的時間，你的家人和你可能從來沒有長時期地分離過，突然要長時間地分別，長輩們在情感上一時的確難以接受。這一點，你現在可能體會不到，但將來一定會體驗到。

你應該多和家人在一起，多和他們談談。對他們的叮嚀與囑咐不要顯得不耐煩。多向他們表示自己已經長大成人了，完全具有獨立生活、照顧自己的能力；多向他們表示到學校後一定會多打電話，多寫信回家；多向他們表示到學校後一定好好念書，不會辜負家人的期望。所有這些，都可以慰藉長者的心。

你還要抽出一點時間與老師告別，包括小學、國中、高中的老師。這既是一種禮貌，也可請他們對自己提出一些建議與希望。

和同學及老朋友告別，許多同學都要天各一方了，大家商定一個聯繫的方法。

最好是多約幾個人同行。這樣路上比較安全，彼此有個關照。如果你的老同學裡沒有你這個學校的人，可以在你就讀的大學的網站徵詢本地區的同行夥伴。

最後，一定要把學校要求的各種證件、資料反覆查幾遍，千萬不要有遺漏。

第二部分：初來乍到

4、新生報到的種種事務

學生如是說：

記得剛到學校的那一天，哇！到處是人山人海，全是報到的新生和他們的家長。各種要辦的手續還真不少，又是人地生疏，真不知從哪兒下手。

分析與建議：

不要提前到校，多數學校不提前接待新生（有的同學隻身提前來到學校，找不到報到點就只能露宿在校園裡）。

報到證上一般都會寫明在車站下車後乘公車的方法，但幾乎所有的學校在報到當天都會用校車接送新生。新生要留意所乘車的去向（如校址、校名、校區等）。

來到校區，你會遇到本院、本系熱情的同學，他們會給你指點、給你幫助。如果沒有人主動接待你，

下車後不急於辦手續，因為繁瑣的手續、旅途的疲憊和沉重的行李都會讓你受不了。下車後應先打聽到接待地點，找到它就找到家了。

在接待點出示自己的錄取通知書，自報專業、姓名。如果可以先領到宿舍鑰匙，那麼最好先把行李安頓好。如果不可以，那麼只有將行李寄存在接待處，然後辦理各項手續。

通常要辦的手續有：

繳清學費（一定要交給統一辦理的接待處），補助生要在本專業接待處辦理緩交手續。

體檢。

到教務部門接待處交錄取通知書（一般學校把此項工作放在專業接待處）。

交學籍卡。

認識班導師。

領取入校須知、宿舍鑰匙、校園卡、生活用品、軍訓服裝等。

進宿舍，整理床鋪。特別提醒新生要妥善保管好自己的物品，不要輕易相信任何人。任何上門推銷學習用品、生活用品的，一律給予拒絕。

交任何費、購物以班導師通知為準。

熟悉舍友、熟悉校園環境。仔細瞭解進校後一星期內的安排（包括時間），可不要掉隊。

5、初來乍到的忐忑

學生如是說：

到校報到是父母陪同的，忙忙碌碌一個上午。傍晚時分，父母回去了，在舉目皆是陌生人的操場上，重重的茫然將我包圍，望著汽車載父母而去，我低頭黯然地往回走，沒人知道這接下來的四年會發生什麼？沒人清楚接下來的四年我會怎樣走過？沒人能告訴我該怎樣安排自己的一切？晚上和宿舍另外三個人

到餐廳吃了晚飯，大家都很客氣，也可以說是矜持吧。就這樣，開學的第一天在疲憊和擔心中茫然度過。

記得剛跨進了大學門檻的我，猶如劉姥姥進大觀園一樣的新奇而又忐忑不安。所有的一切都是那麼的新鮮、陌生，這些都讓我歡喜讓我憂。面臨這一系列的新刺激，我擔心自己能否適應？能否站穩腳跟，發展自己？此時對於未來，我不知所措，心裡充滿了困惑和不安。主要表現在做事沒有計畫，整天要嘛無所事事，要嘛瞎忙，沒有一點規律。如此過了一段時間後，我驚醒不應該這樣虛度美好的大學時光，此後我暗自定下了目標——認真上好每一堂課，抓緊英語、電腦學習，以爭取早日通過相關等級考試。有了目標也就有了方向，如此一來，生活也就充實起來了。以前的新事物也逐漸被熟悉，那些新奇和忐忑也就隨之消失了。

分析與建議：

初來乍到，忐忑之情原在意料之中，加之原先幾乎沒有什麼獨立生活的經驗與能力，此時也不得不補交這份必交的「學費」。

沒關係，這是一種磨煉，今後我們會經常遇到新環境，碰到新面孔。如新到工作單位，接觸新的客戶。

當然，忐忑之中的人們心理上肯定不好受，要想從忐忑中解脫，唯一的辦法是盡快熟悉環境、盡快融入群體。一旦熟悉了環境，融入了群體，心理上就有安全感，忐忑之情就會自然消失。

6、熟悉環境

學生如是說：

哇！好大的校園！比起我們原來的高中不知大多少倍了。可一切又是那麼陌生，真讓人有一種丈二金剛摸不到頭腦的感覺。

分析與建議：

初到校園，一切都是那麼陌生。這個狀態可不好。一則不方便生活，二來心理上也有壓力。所以要盡快熟悉環境。要熟悉的項目包括餐廳、宿舍、教室、圖書館、便利商店、洗衣房等等。不僅要熟悉地點，也要瞭解它們的運作模式。

熟悉環境的方法很簡單，那就是多問，不要怕開口。

當然還要熟悉所在的城市，可以買張城市交通圖，對大的方向、主要的道路、公共交通有一個大致的認識。

環境熟悉了，心理上的安全感也就會產生了。

7、初始的融合

學生如是說：

剛進入大學，班級上、宿舍裡都是一個個陌生人，知道那些是將來必定會有著深厚的友誼的同學，但擺在面前的問題是：如何盡快地相互融合？

分析與建議：

剛開學，學業並不是很忙，挑選一些大眾項目增進感情，比如提議大家一起逛逛街，一造成外面吃火鍋，一起看場電影等。

多閒聊、多談心。

到餐廳吃飯，儘量一起去。

要注意各人的愛好，尋找共同點、相近點，以共同愛好為基礎，展開活動。

快速增進融合的關鍵就是要多提「一起」，有什麼事，如果可以就大家一起行動。

一時融合度不夠理想的，也不要著急，相信慢慢也會自然融合的。

8、目標的迷茫

學生如是說：

上小學、高中的時候，父母、老師總是不斷地嘮叨要好好學習、上明星大學。因此，上大學便自然成為自己奮鬥的最高目標。為了這個目標我們不分早晚的埋頭苦讀，終於有一天考上了大學。

上大學的目標實現了，下一個目標是什麼呢？「抓緊學習，增長知識」，這目標太籠統，難以激發我的熱情和幹勁。「畢業找個好工作」，可此時離畢業時間尚遠，況且如果現在找工作，學習成績只做參考，現在做什麼與不做什麼，關係並不大。「考研究所究所」，這想法還得從長計議。出國離我就更遠了。找不到自己的位置和目標而感到茫然焦躁、無所適從，突出表現在情緒不穩定、不知怎樣合理安排自己的學習、工作和生活等，整個大一好像都在「漂」中渡過，以致荒廢了自己本應良好的開端。

分析與建議：

大一新生應盡快為自己重新定位，找到自己的理想、目標。設計自己的未來人生。俗話說，人無遠慮，必有近憂。

規劃自己的大學生涯。按優先順序，列出多個目標，並把目標分成「一定要完成的」、「盡力要完成的」、「可能要完成的」三個方面。

分階段設計大學四年的總體目標，例如：大一要積極參加社團活動，培養自己各方面的能力；大二、

大三側重學業，將專業知識學紮實；大四準備考研究所，或積極實習準備找工作。

分階段設計大學四年的學習目標，例如：大一學好基礎課；大二通過電腦相關證照，英語多益；英檢，作考研究所準備；大四衝刺考研究所或為將來的工作做準備。

9、面對新的教法與學習模式

學生如是說：

剛入校時，感受最多的莫過於學習規律的改變。大學裡面的學習氣氛是外鬆內緊。和高中相比，在大學裡很少有人監督你，很少有人主動指導你。這裡沒有人給你訂具體的學習目標，所有的一切都得自己安排。一時間我對大學的這種教法和學習方法感到茫然，甚至有些無所適從了。上課聽不懂，作業不會做，學習成績總上不去，有時上課都跟不上老師的節奏，長此以往，不懂的東西慢慢地就愈積愈多，後來想補也來不及了。

出現這樣的問題，剛開始我很懊惱著急，不過後悔是解決不了問題的。反思之餘並在同學的幫助下，我及時改變以前的學習習慣，知道不僅要及時消化理解課堂上學習的內容，而且還要在課後注重預習和複習，學會自學很重要。我覺得進入大學後及時轉變學習方法，適應大學教法，可能是大一新生順應新環境必須做出的選擇。

分析與建議：

人們說，大一不是「高四」，主要是就教法與學法的不同而言的。高中教學的價值取向是高考，大學教學的價值取向則是培養具有專業技能、能適應未來職業需要的高層次人才，所以，二者在教法上與學法上肯定要有很大的區別。

大學裡的教法與學法也不是完全合理，但當個人與環境出現不協調狀態時，只有個人努力去適應環境，而不能指望環境來主動適應你。

適應大學教法與學法的關鍵點是要主動，主動向老師請教，主動安排和調整自己的學習計劃。

此外，大學生還要學會利用現代高科技的教學手段來掌握、運用所學的知識。在大學裡，教學內容所包括的訊息量越來越大，單憑坐在教室裡苦讀書是難以適應的。大學生必須透過多種管道（如互聯網路），獲取大量的訊息，並充分利用現代多種高科技教學手段來掌握、運用自己所學的知識，提高自己的能力。

10、「想家」情結

學生如是說：

開學第一天晚上，我哭了。送爸媽回家時，媽媽哭了，當時我還刻意滿臉笑容地安慰她，晚上躺在床上，想著想著自己便落淚了

更有甚者，某學生初次遠離家鄉，在外地求學，思鄉之情日益濃烈，整天想念家人，暗暗落淚，結果學習時無法集中精神，成績一向優異的她面臨了重修的尷尬。

分析與建議：

不必諱言，也無需掩飾，每個大學新生都或多或少地有「想家」情結。

有些人強烈一些；有些人淡薄一些；有些人顯露在外；有些人深藏心底。

此現象在女生身上，在性格內向的同學身上表現得比較強烈。

導致「想家」情結發生的原因是：

環境很是陌生。
跟同學們也不熟悉。
對老師有種恐懼。
對所學專業有種茫然。
需要自己解決的問題太多。
長期對父母的依戀一時難以解脫。

父母幾乎天天打電話到宿舍，問長問短，也時時勾起思鄉情結。

克服「想家」情結的方法有：

儘量多參加集體活動，減少一個人獨自「傷感」的時間，盡情感受來自集體的關懷溫暖，讓歡笑填滿自己孤獨的時間。

與同學相處好，讓宿舍有種家的感覺。

把一些容易引起懷舊情緒的物品放到自己視線之外，避免「睹物思人」、「睹物思鄉」。

讓父母隔一段時間打一次電話，免得自己更想家。

請老師做心理輔導，淡化思鄉的情緒。

不必太在意。隨著時間的推移，會漸漸適應，慢慢調整過來的。

第三部分：生活問題

11、面對不同的生活習慣

學生如是說：

在高中時，我晚上睡覺習慣於全黑的環境，這樣我才能盡快的入睡，而且，我不習慣開夜車。上大學後，宿舍是 11 點熄燈。其他的舍友基本上是 11 點熄燈才睡，而我有時是不到 11 點就想睡覺，這樣一來，就有了不協調。剛開始時我很不習慣，睡得也不好。後來自己想想，我不能太自私，不能因為自己個人的習慣而要求其他三個人改變他們的習慣。我不能老是想著要別人適應自己，而是要學會包容別人，適應集體。後來，我漸漸習慣了在開著燈的情況下入睡，或者看書到很晚。這樣大家彼此適應，感覺一起生活起來才比較協調。

分析與建議：

不要說是來自五湖四海的同學，就是自家兄弟姐妹，生活習慣也不會完全一樣。這是個基本事實，不會改變。

由此觀之，生活習慣的相互適應，是大學裡的一堂必修課。

　　不要以為自己的生活習慣是最合理的，不能以自己的生活習慣為基準，要求別人都來適應自己，適應應當是相互的，而不是「單方面的最惠國待遇」。

　　所謂適應別人並不是要求自己一味地迎合他人，而喪失自己的個性與空間。而是在不影響大局的前提下，少數服從多數，讓自己適應集體的生活，這樣集體的生活才適應自己。

　　學校的種種規定應是相互適應的共同基準點。比如說，學校規定宿舍 11 點熄燈，有人習慣早睡，有人習慣晚睡，那大家就應在 11 點時關燈睡覺。

　　順便說一下，比生活習慣差異更大的是性格差異，性格之間的碰撞更經常發生。因此要本著「求同存異」的原則和同學們相處。積極的找共同點，尋找共同話題，要學會理解與寬容。

　　出現衝突時要「換位思考」，不要老是「以我為中心」，要多站在別人的位置來考慮問題。

12、形成良好的生活習慣

學生如是說：

剛到學校，我的飲食極不規律，有時早晨起床較晚，來不及吃早飯便去上課，有時索性取消了早飯，有時則在課間餓的時候隨便吃些零食，有時又暴飲暴食。一般吃飯主要在餐廳就餐，但餐廳的就餐時間比較固定，有時錯過了開飯時間，於是就吃點餅乾、泡麵來對付，等下一頓吃飯時再補回來。像我這樣是極不可取的，很傷身體，應該形成良好的飲食習慣。

有時我們在宿舍裡喜歡晚上熄燈後閒聊，天馬行空地一談就是兩三個小時，結果第二天上課的時候非常疲憊，根本無心聽課。長期如此，不僅影響平時的課業學習，還容易引起失眠，甚至引發神經衰弱症。

披星戴月地打籃球、踢足球，廢寢忘食地上網、通宵達旦地打牌，這些現象在大學校園裡時有發生。

分析與建議：

生活習慣是一個人最基本的生活方式。良好的生活習慣是幫助大學生順利、成功度過大學生活的重要基礎。

什麼是良好的生活習慣？良好的生活習慣就是符合社會道德標準，有益於身心健康的習慣。主要表現為：心胸豁達、情緒樂觀、勞逸結合、堅持體育鍛鍊、生活有規律、善用閒暇、營養適當、防止肥胖、不吸菸、不酗酒、適應環境、自尊自重、愛好清潔、注意安全等。

如何形成良好的生活習慣？

一要合理安排作息時間，養成早睡早起的習慣。
二是進行適當的體育鍛鍊和娛樂活動，做到「文武之道，一張一弛」。
三是保證合理的營養供應，養成良好的飲食習慣。

四是努力克服生活無規律現象，如：晚上不睡、早上不起、不願參加體育活動、勞動怕髒怕累、偏食、暴飲暴食、過分節食、不吃早飯，以及吸菸、酗酒等。

13、要有生活自理能力

學生如是說：

在高中階段，許多學生只做一件事——學習。學習以外的事都是父母的，甚至不用考慮早上幾點起床。上大學後，生活環境發生了很大的變化，離開了父母，離開了舒適的生活環境，開始真正地獨立了。所有的事都完全由自己處理，因此要從頭學起。

生活上的自理包括很多方面，如日常生活的打理、與人的交往、合理的支配時間，甚至學習方法的掌握等。每個方面都很重要，其中日常生活的打理是基礎，也最為重要。包括起居時間、床鋪整理、生活用品排放、收拾房間、定期洗澡、自己洗衣服、會處理衣服破損問題、適當購置生活用品等。這些事情有一件搞不定，都會影響學習生活。

分析與建議：

一個人的素質首先體現在生存能力上，生活自理能力就是生存能力的一個重要組成部分。缺乏生活自理能力，生存狀態不夠良好，就是缺乏基本素質的表現。

培養生活自理能力也不是什麼難事，關鍵是自己要去做，想把它做好，多試幾次。大學生中無弱智，沒有一個大學生是想學而學不會的。

父母也要配合，有些父母為孩子在校園附近找一個打工，定期幫孩子處理內務。看起來是愛孩子，其實是幫了個倒忙，因為你剝奪了孩子一個鍛鍊的機會。還會有人說：「我孩子將來是要幹大事的，用不著有生活自理能力。」我們不懷疑你的孩子將來有遠大的前程，也相信你的孩子將來用不著做這些瑣碎小事。會做而不做與不會做是截然不同的兩個概念。

14、宿舍裡的「公益勞動」

學生如是說：

集體宿舍中，必然會有不少公益勞動。
公益勞動會給我們帶來什麼？
環境更令人愉悅；
展現個人良好的道德品質；
增加宿舍的凝聚力；

分析與建議：

對於每個人來說，公益勞動寧可多做也不要少做。
多做會得到許多；少做會失去許多。記得劉備曾對他
的兒子說過：「勿以善小而不為；勿以惡小而為之。」

比如，在集體宿舍生活中，打掃環境是個必然的、
經常的事情，誰也不應該推諉。然而在這個事情中也
會存在一些矛盾。如何處理這些矛盾呢？

建議：採取「分工不分家」的原則。

在日常宿舍衛生打掃中，幾個人輪流值日。

假如當值的人忘了，便提醒他（或她）。

如果當值的不在，就先替他（或她）完成任務，事後再提醒。

對那些不注意個人衛生或者公共衛生的人，給予友情「警告」。

在宿舍衛生大檢查時，便「集體出動」，齊心合力把宿舍衛生搞好。

15、大一新生到校外租房好不好

學生如是說：

進校不久，我們班已經有幾位女生準備到校外租房。她們不願住學生公寓、想外出租房的原因，有的是不善與人相處，有的是不習慣幾個人同住一室，有的竟是因為不習慣在公共浴室洗澡。有一位女生，上學一個多月來沒進過一次學校浴室，髒得實在受不了，就提桶熱水關上房門擦一擦。她說她不習慣那麼多人

在一個浴室洗澡，在家時，有單獨的浴室，她從沒進過公共浴室。

還有一個女生說她到校外租房是因為不能忍受幾位同學的生活習慣。她舉出不少事例，事例一：她們上廁所經常忘了沖馬桶，弄得房間臭烘烘的；事例二：她們很小氣，房間裡的掃帚拖把都是她出錢買的，還差一個公用的臉盆架，她讓她們幾個湊錢買一個，可是都開學這麼久了，她們一直不買，臉盆只好塞在床底下。

分析與建議：

為什麼學校有宿舍不住，卻要自己出外租房呢？主要原因有：

這一代大學生幾乎是伴隨著電腦網路成長起來的，表面看起來，他們交往的空間似乎比過去擴大了，但那只是一種虛擬空間。在實際生活中，他們其實願意更多地躲在自己的小天地裡，希望有更多自己的私人空間。

另外，現在的大學生大都是天之驕子，過去在家裡，父母以他們為中心，現在突然進入集體生活，中心地位失去了，當然不習慣，會有心理落差。集體生活要求成員有寬容忍讓的精神，也要求人有溝通交流、解決矛盾的能力，而這些恰恰是他們缺少的。

於是，出外租房就成了他們以迴避現實來保持內心心理平衡的一種選擇，尤其是在家庭經濟條件尚可、父母對子女高度溺愛的情況下更會如此。

撇開經濟因素不論，大一學生出外租房到底好不好？有沒有這種必要？讓我們來分析一下利弊：

有利的一面：

環境安靜，能得到比較好的休息。
同學間不會因生活習慣問題發生衝突。
父母來校探視時比較方便。

有弊的一面：

單人獨居，安全是個問題，尤其是女孩子。
孤獨感更強。
與校區總是有一段距離，上課不會很方便。
脫離了同學群體。
一些社團活動與講座會錯過。

失去了寶貴的培養生存適應能力、人際能力（這是大學教育的重要的一個方面。其意義不低於接受知識）的大好機會。

可能會導致一些日後會生悔的事情（如同居）發生。

集體宿舍雖然有諸多不便之處，但它的優越性也是顯而易見的：

有利於同學之間交流感情，增進友誼，團結互助，增強學生的集體主義精神和合作精神。

有利於培養艱苦樸素的精神，增加對各種環境的適應能力。

有利於適應複雜的人際關係，培養完善的人格。

有利於人生財產的安全，防止意外事件的發生，如：當你突然生病，室友們把你送進醫院，再輪流陪護你，你會感到集體生活的無比溫暖。

當我們權衡利弊之後，自然會得出結論：出外租房，弊大於利。

改變觀念，從思想上認識到大學裡的集體宿舍生活是人生的一段寶貴經歷，日後很值得回憶、留戀，放棄它，等於大學只上了一半。

適應不同的生活習慣，本身就是對人的一種磨煉。

對於同宿舍中有些不良的生活習慣，可以選擇適當的時機，以半開玩笑、半當真的方式向對方提出批評，促使對方改正。

16、父母最好不要陪讀

學生如是說：

有些父母愛子心切，生怕孩子餓著、傷著、凍著，看著自己的孩子即將遠離自己而去，一萬個放心不下。怎麼辦呢？有的同學的父母乾脆就在學校附近租一間房子，照料他們的生活起居，真是「可憐天下父母心」！其實，大部分來自這樣家庭的同學，自己也並不願意父母這麼做。

分析與建議：

這種做法無論從哪個角度來講都不是一個聰明的選擇。上大學不僅可以學到廣博的知識，更是一次培養自己獨立人格、獨立意識、獨立生活能力的好機會。這種做法無疑是對孩子鍛鍊機會的無情剝奪。說得再直率一點，父母能照顧子女一輩子嗎？

這種做法會讓自己的孩子在同學面前很沒面子，被人笑話，甚至產生心理上的自卑感。

如果你實在愛子心切，認為孩子的生活能力實在太差而放心不下，可以在第一學期時多到學校來幾趟。這雖然不是最佳選擇，但總比陪讀要好。

17、大學生如何理財

學生如是說：

進了大學獨立生活，當然少不了要自我理財。上大學是我第一次獨立生活，以前的生活起居都有媽媽照料，我只要管好念書就行了，而我現在什麼柴米油鹽、雜七雜八都得自己安排。平時週末出去逛街，不計後果的瘋狂購物，到月底看看錢包，慘！生活費嚴重超支。像我這種計劃不當甚至沒有計劃的學生，常常是在月初的時間裡大手大腳，把後面的伙食費提前花掉。趕時髦、講排場的社會風氣對大學新生也有相當的影響，往往娛樂一次的開支就花掉生活費的一大半，加上平時的伙食費，每個月的生活費就所剩無幾了。

分析與建議：

收到錄取通知書以後，每個家庭都會根據學生的實際需要與家庭的經濟情況給孩子制定一個生活費標準，然後按月或按學期給孩子。大學生就要在這個給定的空間裡進行自我理財了。

理財是一門學問，以下建議或許對你有所幫助：

制定一個消費計畫，首先列出必要開支，這些開支是無彈性的，必須花費的，如伙食費。這筆錢是不能動的，其他錢可考慮相對靈活使用。

兩個月下來，要對自己的消費狀態來「審計」，看看哪些開支是完全必要的，哪些開支是完全不必要的，哪些開支是可有可無的。然後，完全必要的開支毫不猶豫地花，完全不必要的開支堅決不花，可有可無的開支儘量少花。

伙食費、必要生活用品費、購書費應占總支出的70%以上，這是個合理的消費比例。有些同學通訊費、上網費、遊玩費、社交費用占到總支出的50%以上，那就不合理了，同時也說明你沒有做到以學為主。

多餘的錢可以儲蓄起來。這不是為了聚財（因為數量有限），而是為了形成一個良好的習慣。

要做一個精明的消費者，不花冤枉錢。

與別人借錢，只是在特殊、緊急的情況下才能這麼做，而不能成為慣例，及時、守約還錢更是事關誠信，千萬不能當兒戲！

炫耀性消費是堅決要杜絕的，一是因為要耗費錢財；二是根本達不到炫耀的目的，因為錢不是你賺來的。

自己透過打工助學或家教賺來的錢也是錢，也不必亂花。

18、貧困生如何順利完成學業

學生如是說：

由於地區經濟發展不平衡，還有很多貧困地區收入很低，根本支付不起高額的費用。有些貧困生拿到

通知書，東拼西湊才湊齊了學費。貧困生應如何渡過難關，完成學業呢？

分析與建議：

端正心態。不要因為家裡窮，就抬不起頭，而要正視困難。只有不屈的心態，才能成功。

申請國家助學貸款。

刻苦學習，爭取獎學金、助學金。

申請半工半讀職位，家教，充分利用寒暑假多打工。

生活節儉、合理，不花任何攀比性消費。

19、富家子弟該怎麼個活法

學生如是說：

我家裡很有錢，可以說，我的父母能夠滿足我的所有物質需要。我來上學的時候，家裡人給我買了許

多東西，親戚朋友也給了不少，從手機到數位相機、到電腦我都有。口袋裡、信用卡上也有不少錢，吃的零食更是一大堆。到了學校，我發現有些同學的生活條件與我反差很大，他們好像離我遠遠的，我也沒說什麼就莫名其妙地得罪了他們。有的時候，我想幫助他們，卻也沒得到好報。有一次，我說：「宿舍裡買公用的東西，都由我來包了。」結果錢是花了，卻有人在背地時說我：「家裡有幾個臭錢，有什麼了不起？」

我到底該怎麼做？

分析與建議：

貧窮不是罪過，富裕就更不是罪過。但富家子弟若仗著家裡有錢，揮金如土，那就是罪過。

富家子弟生活條件好一些無可指責，但一定要記住以下幾點：

你花的錢是你父母賺來的，不是你自己賺來的，大手大腳，就該問心有愧。

你的社會角色是學生，所作所為，包括你的消費，要與你的社會角色相符。否則，社會就要對你的行為有所譴責。

　　作為學生，最重要的任務是學習知識、培養能力，若無真才實學，只會坐吃山空，就會應了中國人的一句古話「富不過三代」。

　　消費與浪費是兩個截然不同的概念，該花錢的地方決不吝嗇，不該花錢的地方儘量節約，這才是精明的消費者，才是有文化、有層次的人應該做的事情。

　　在宿舍裡，尤其是在家境不夠好的同學面前，不要有太大的優越感，不要在同學面前過多的顯示。要注意說話、辦事的分寸，不要說：「這太便宜了，這沒有幾個錢，花幾個錢無所謂」這可能會於無意中傷害人。

　　即使是出於善意幫助別人，也要注意方式、方法，要讓人心理上能夠接受。

20、粥少僧多的半工半讀職位

學生如是說：

在大學裡，和我一樣家境貧寒的不在少數。學校為了鼓勵家境不好的同學繼續求學，就開設了許多打工助學職位，其中我們班分到了七個名額，可我們有八位貧困生，怎麼辦呢？

分析與建議：

學校可謂殫精竭慮，可半工半讀職位還是粥少僧多。

遇到這種粥少僧多的情況，你也不必默默地謙讓，提出申請是你的權利。

也許有的同學比你還困難，你沒得到上班的機會。不要埋怨，自己可能為自己創造一些上班的機會，比如說找家教，甚至可以在不影響學習的前提下做點小生意。

利用寒暑假「大撈一把」，解決自己的生計問題。

21、要有安全防範意識

學生如是說：

在大三上學期期末考試期間，我們隔壁宿舍在夜間丟掉了兩個筆記型電腦。雖然在第一時間報了警，但找回的可能性不大。這次是盜賊夜間入室行竊的，兩位同學晚上做完作業後，沒有把電腦鎖到櫃子裡去，給了竊賊可乘之機。這件事正好發生在期末考試期間，兩人考試的情緒都沒有了，看著她們打電話回家時泣不成聲的樣子，讓人很是難過。這件事使兩位同學在經濟上受到了很大損失（對一個學生來說，兩萬多塊錢等於兩年多的大學費用），在精神上也受到很大的打擊。

在大一、大二兩年期間，我丟了三輛自行車，而且都是新的，與我有著類似經歷的，在大學校園裡比比皆是。

某宿舍同學都出去上課了，宿舍的充電器沒拔，導致該宿舍電路起火，燒掉了整個宿舍，火勢還波及了周圍幾個宿舍，造成了嚴重的損失。

分析與建議：

大學的校門基本是「形同虛設」，別以為閒雜人等進不來，就是校園裡的人員，也不個個都是君子，所以「害人之心不可有，防人之心不可無」。一定要有安全防範意識，防患於未然。

保護好自己，保管好自己的物品，也是一個人基本素質的體現，生存能力的標示。

不要買那些很引人注目的物品，儘量減少被賊注意到的可能性。

平時注意隨手關門。

貴重物品不用的時候就鎖到櫃子裡。

晚上睡覺前要檢查門窗。

各種卡一定要留密碼，並且這密碼不告訴任何人（不是不相信人，是沒必要）。

停車時，儘量把車停靠在車多的地方，在警察的視線範圍之內。

晚上最好把車的前後都鎖上，並把車的一端鎖在一個固定物體上，比如柱子，欄杆之類的，防止賊乘夜幕把車離地拖走。

注意用電安全，防微杜漸。

上街要遵守交通規則，不是沒有警察就能亂過馬路、闖紅燈。時刻牢記：「交通規則，生命之友」。

22、警惕校園外的記帳餐廳

學生如是說：

大學校園附近都會有很多大大小小的餐廳，自然，消費對象主要是大學生。由於競爭的激烈，有些餐廳為了招攬客戶，就使用「記帳式」的服務收費。有些大學生覺得這挺方便，還能顯示自己的「大款」氣派，每次吃完簽個字，也不去想究竟花了多少錢。等到三四個月下來，可能已經欠帳兩三千了。學期末，老闆就忙著要帳（完全正當）。此時，他們身上也沒有

那麼多錢，向同學借也借不到。老闆們一改平時的溫和，甚至跑到宿舍、班級要錢，使得那些同學很晚才敢回宿舍，嚴重影響了他們的生活和學習。

分析與建議：

不是說大學生不能去餐廳吃飯，但大學生肯定不能經常去餐廳吃飯，不管你家裡是有錢還是沒錢，因為你還沒有成為一個自食其力者。

擺譜裝「大款」，更是令人可笑，給人一個「淺薄」之感，顯然與有文化、有層次的大學生身份不符。這麼做可能會得到少數人一時的羨慕，但不會得到大多數人長期的尊重。

有些黑心老闆，還會在你的簽單上做些手腳，被人賺了錢，別人還要說你「弱智」，豈不悲哀？

23、注意食品衛生

學生如是說：

每次我晚上出去，經過校園大門口都會看到很多人圍在那些攤販前面，學校周圍的攤販還很熱門，特別是晚上。這些食品安全嗎？我無法回答，我不是食品衛生工作者。但至少我認為存在很大的隱患，大學生們最好不要去吃小攤販的食品。

分析與建議：

「病從口入」是基本常識，食品衛生不是小事。

如果生了病，輕則不利於自己的學習、生活，重則會導致休學（如果是傳染病），那麻煩就大了。

也許有人會說，那麼多人吃，不是都沒事嗎？是的，絕大多數人吃都會沒有，但哪怕是萬分之一的機率，落到誰頭上，就是百分之百。

24、使用手機

學生如是說：

手機本是方便人們交流、獲取訊息的，而有些人卻是為了滿足自己的虛榮心。

手機可是個花錢的，家境好的買 iphone 無可厚非，對於家境本就不好的，也硬撐著買 iphone 就沒有必要了。

手機有時也會擾亂課堂秩序，分散學生的注意力。

大學生中已出現了手機病。如：不停地發文，有人一個月發了近 2000 條文；手機哪天沒帶身上，就會煩躁不安；欠費停話後竟六神無主；一旦離開手機，他們的情緒就會出現極端的變化，要嘛言語粗俗、煩躁不安，要嘛情緒低落、抑鬱寡歡；甚至很正常的手機沒電、信號減弱等情況，也會造成緊張和焦慮。

分析與建議：

上了大學，買手機，如今已是尋常事了。手機也確實給我們的生活帶來方便。但沒它就不行，似乎也誇張了點。當然，正確使用手機就更重要。

衝動型購買，非理性消費，不是精明的消費者所為。

我們應當成為手機的主人，手機的使用者，而不是手機的奴隸。

通訊工具是用來交流訊息的，所謂訊息是指那些有價值、有意義的內容，有事沒事發條文，那不叫訊息，而叫訊息垃圾。

25、遭遇敲詐

學生如是說：

這種事情在校園裡不多見，但也不是沒有。

儘管學校裡有嚴格的規章制度，但敲詐勒索也時常發生。假如有一天你被幾個素不相識的人敲詐了幾百元錢，你會怎麼辦？通常有三種選擇：

找幾個人去揍他們一頓，出出這口惡氣，讓他們知道我也不好惹。

向老師或學校教官舉報，讓學校來懲罰他們。

自認倒霉，以後出門少帶點錢就是了。

分析與建議：

第一種選擇是不可取的，打出事情來，你也難逃關係，弄不好還要負法律責任。

第三種選擇也不妥，這會助長了那些人的囂張氣焰，還不能確保自己下次不被欺負。

第二種選擇是明智的、必須的，對自己、對整個校園風氣都有益。

26、謹防被騙

學生如是說：

我們學校有個同學，在大街上遇到兩個陌生人，他倆自稱是某大學的學生，出來旅遊，錢花光了，想和我們學校的這位同學交個朋友，再借點錢。我們這位同學對此深信不疑，借給他們兩千元錢。結果自然是「黃鶴一去不復返」。

很多同學是離開了家鄉來外地求學的，由於生活環境的不熟悉，常常被騙。有人上宿舍推銷東西，看上去很便宜，於是買了好多。事後才發現，上當受騙了，根本就不值那麽多錢，蒙受了巨大的損失。

分析與建議：

被騙的感覺很不好，不僅是經濟上蒙受損失，而且也有一種人格、智力受汙辱的感覺，肯定還會被人笑話。所以，我們無論從哪個角度來講，都要謹防受騙。

現在社會上騙子很多，手法也常翻新，所以一定要提高警惕。

其實，騙子再高明，也少不了受騙人的「配合」。這裡的意思是說，如果受騙人無非分之想——占點便宜，騙術再高明也是徒勞。

要想不被騙很容易，那就是確立這樣的理念：生活是現實的，別想得那麼浪漫，別期待有什麼奇遇，別指望有什麼便宜事、好事突然惠顧於你。

愈是顯而易見的便宜事，愈是令人怦然心動的好事，愈可能是一個大大的陷阱。

學校應該組織安全講座，列舉發生的案件，以此來提高同學們的防騙意識，同學之間也要相互提醒。

27、迷戀上網

學生如是說：

在高中的時候，有些同學上網咖簡直就像小偷去作案，那時我可是個乖孩子，從來不去。我家裡也沒

電腦，所以幾乎就沒上過網。上了大學後，我可解放了，一有空閒，就上網，有時還去網咖。不久，我迷上了上網聊天，每天都要在這上面花很多時間。現在回想起那段日子真是不堪回首。整日昏昏沉沉，對其他的事都沒了興趣。上網時很開心，回去後腦子裡也反覆出現網上的話。網路那頭好像有一根繩子牽著我。

幸運的是，終於有一天，我意識到了問題的嚴重性，我決心戒網了。這條路並不輕鬆！剛開始時，我減少每週上網的次數，縮短每次上網的時間。在上網之前規定上幾個小時，並嚴格執行，慢慢的；我對聊天沒了興趣，最後終於走出了網路。

擺脫網路的我感覺好輕鬆！

分析與建議：

在如今這個時代，不懂電腦、不會上網，那你可就慘了！不要說吸收不到大量有用的知識，就是與人交往也有障礙。別人說：「加個 LINE 或臉書。」你肯定不好意思說：我沒有，也不會上網。的確，現代人不掌握這樣的工具是絕對不行的！

但也有人警告說，上網已成為繼毒品後的又一大社會公害。迷戀上網已引起了一系列的心理問題以至社會問題。

看來，我們要在不會上網與迷戀上網之間找到一個平衡點。這個平衡點應該是：利用網路做工具，但決不成為它的奴隸。

這裡主要談談如何從迷戀上網（聊天與網路遊戲）中解脫出來的問題：

玩是人的天性，在遊戲中也確實能增長智慧。但是如果沉溺其中不能自拔，就是玩物喪志了。

人是有理性的動物，在做出行為的同時，應對自己的行為做出分析，這麼做合適嗎？總是這麼做合適嗎？古人云：「吾日三省吾身」，說的就是這個道理。

上網是你自己去的，戒也要靠你自己。如果自己都不能對自己負責，別人對你怎麼管束都無濟於事。

想一想，如果把這時間與熱情投入到學習中去，那該對自己的發展有多大的好處！

要會玩，要能控制住自己適度地玩。拿得起，放得下，這才是上境界的人！

28、如何度過週末

學生如是說：

在高中裡，根本談不上什麼週末。愈是週末，作業愈多，爸媽給安排的各種補習也是五花八門。那時，多麼期盼有一個真正的週末，能好好享受一下啊！沒準是窮日子過慣了，富日子來了也不會過了。現在卻不知道如何打發了？有時，鬱悶的同學會在走廊上高呼：「打倒週末！」這是怎麼回事啊！

分析與建議：

其實，週末裡可做的事，要做的事還是很多的，比如：

早晨睡個懶覺亦無不可。

個人衛生習慣，如洗澡、洗衣服。

對一週的學習內容一番整理，這無論對考試還是充實自己都很有幫助。

對重點課程，如英語、微積分研究。

到其他學校找學聚會。

參加社團活動。

上網收發郵件，查閱資料。

到圖書館看看書，讀讀報刊。

注意：週日晚一定要早點休息，別影響週一的上課。

29、如何安排你的課餘時間

學生如是說：

豐富多彩的大學課餘生活令人眼花繚亂，怎樣才能安排好自己的課餘時間呢？這一直是我在大學裡不斷努力解決的問題。

在大學裡，除了日常的教學活動之外，還有各種各樣的講座、討論會、學術報告、娛樂活動、社團活動、公關活動等等。這些活動對於大學新生來說，的確是令人眼花繚亂，對於如何安排課餘時間，大學新生常常心中沒譜，如果完全按照興趣，隨意性太大，很難有效地利用學校的環境和資源。

分析與建議：

對自己活動有一個總體的安排。看看自己近期內要達到哪些目標？長遠目標是什麼？自己最迫切需要的是什麼？各種活動對自己發展的意義有多大？然後做出最合理的計劃，並在執行計劃中不斷地修正和發展。

展開有意義的娛樂活動，儘量培養自己有多種興趣愛好。如唱歌、跳舞、下棋、集郵、剪貼等。若能寫一手好書法、打一手好乒乓球，這不僅給人增添了樂趣，也有利於建立自信心，增強社會交往的資本。

專門制訂一份休閒計劃。對重大的節假日和休閒項目做出妥當的安排，這樣能使你的休閒和學習有條不紊地交叉進行，使身心得到有效的放鬆和調適。而

且，你一旦制訂出了既愉快又實際可行的休閒計畫，那麼在這時間尚未到來之前，你的心情會是愉快而充實的，能精神振奮地投入學習和工作之中。

留出足夠的時間來進行體育鍛鍊。最好能根據自己的身體狀況和客觀條件制訂出一個體育鍛鍊計劃，務必擁有一個健康強壯的身體。要知道，身體是從事一切活動的「本錢」，也是一個人心理健康的物質基礎。

此外，還可以利用課餘時間閱讀一些自己喜歡的書籍報刊。以讀書為樂事，既可以排遣煩憂，愉悅性情，又可以獲取知識，增長智慧，對大學新生身心的健康發展非常有利。

30、合理安排寒暑假

學生如是說：

大學裡的寒暑假，不再有著繁重的作業，不再有家長安排的這個那個補習班。哇！一個完完全全的「自由世界」。

一年級學生的普遍心態是：放假前雄心勃勃，制定了一個個宏偉計劃，帶著一大堆書回到家。真正到了假期裡，卻總有很多理由讓自己休息玩耍。計劃是一拖再拖，看書學習的時間少得可憐，玩著玩著就忘乎所以了。

　　分析與建議：

　　寒暑假該幹點什麼？

　　主要是讓自己放鬆休息，但下列事宜亦應在考慮範圍之列：

　　趁著假期好好「盤點」一學期以來的心得。
　　預習下學期的課程。
　　想考研究所的為考研究所做準備，為沒過的科目抓緊下功夫。
　　思考、規劃下一學期的學習、生活。
　　參加社會實踐。
　　培養動手能力。
　　看看電視報紙，瞭解時事政治。
　　一天的時間可分為三個時間段：上午、下午、晚上。

上午宜學習。

下午宜接觸社會，從事體育活動。

晚上宜與同學交往，或上網、看電視。

31、義務捐血

學生如是說：

「捐血」雖不是一個陌生的概念，但直到進入大學才有機會親身體驗捐血的滋味。「捐血」是一種什麼感覺呢，會很痛嗎？作為一名義務捐血者，我可以很負責任地告訴您：「捐血」既不痛，也不難受，而且捐完血後渾身上下都很輕鬆。

分析與建議：

正常情況下，人體只有 3/4 的血液參加體內循環，其餘 1/4 的血液貯存在肝、脾、肺等「血庫」中。正常人體總血量約占體重的 8％左右。如果一個人的體重為 50 公斤，他的總血量約為 4000 毫升，而貯存在肝、脾、肺等「血庫」中的備用血則有 1000 毫升左右。如果捐血 200 毫升，它只占全身血液的 5％，捐血後貯存在血庫中的血很快會補充到血液循環中去，維持

機體的正常運作。與此同時，肝臟會加速合成蛋白質，人體會自動調節機體的造血「工廠」——骨髓的作用，迅速製造新的血細胞，失去的血液成分很快就能得到補充。因此，適量捐血既不會影響健康，也不會影響正常的學習和工作。

科學研究表明，捐血可以刺激造血功能促使血液的新陳代謝。定期參加捐血的人，其造血功能比不捐血的人要旺盛得多。醫學研究還表明，不捐血的人比定期捐血的人容易衰老。定期捐血者遇到意外事故時有較強的耐受能力和自我調節能力，而且存活率明顯高於未捐血者。捐血較多的人，其壽命也明顯延長。

再說，我們能有今天，社會已經給了我們許多許多，做一些回報社會的事，也在情理之中。

與己無害，與人有益，這樣的事何樂而不為？

32、生病了該如何應對

學生如是說：

誰也不希望自己得病，但免不了會有這樣那樣的疾病。如果病魔找到了我們，那該如何應對呢？

分析與建議：

如果是些小毛病，去趟學校醫務室就行；如果不是小毛病，要儘可能地爭取住院治療。這樣可以省一大部分的錢，因為我們每個同學入學時學費裡都包括了醫療保險費。住院治療可以報銷大部分的醫療費，如果不住院治療再多的錢也要自己承擔。但要注意的是，我們用藥時也要有選擇性，有些藥不在保險範圍內，伙食費、床位費也不屬保險範圍內，所有這些都要自己拿錢出來。

對疾病的態度應是：「既來之，則安之」，在心理上不能被疾病擊垮。

不用擔心沒人照顧自己，一方面，我們已經有能力照顧自己。另一方面，醫院的照顧很周到，不是特殊的疾病，家長、老師或是同學沒必要來照顧。

住院期間也不能忘記學習，大學的學習進度相當的快，如果住院期間沒有自學的話，很難跟上進度，而且又有那麼多的科目。只要有可能，還是要儘量學一些東西。

住院也能讓我們深入社會，瞭解社會；也能讓我們更加自立，更加珍惜生命，我們能體會到周圍的人都在關心你。

出院後要養成良好的生活習慣，很多的疾病都是我們生活沒規律造成的。平時要注意營養搭配，貧困生不能在生活上苛刻自己。要記住：什麼都可省，吃飯不可省。

俗話說：「生命在於運動」。要注意鍛鍊身體，不要求多，但要貴在堅持。

33、如果你有親友在本地

學生如是說：

當年，我爸我媽為我選擇這所學校、這座城市的重要原因之一就是我家有個表叔在這裡。老爸老媽說：「有個親戚照顧你，我們會放心許多，你今後週末和節假日就到他家去吧。」可是我和這個表叔以及他們全家都不怎麼熟，每次去都是典型的客人，人家對我也客氣，我跟人家也客氣，結果是都不自在。但他們看我有些日子不去也不放心。就會打電話來要我去。我真是感到有點為難。

分析與建議：

有親友在本地，能照顧你，肯定是件好事，至少在初來乍到之時，心理上有種安全感。有安全感是好的，但不能有依賴感。有的大學生，到了外地的親友家就像在自家父母那裡，又成了被人伺候的「小皇帝」。弄得人家有苦說不出，自己也沒有達到鍛鍊的目的。

也不用過於客氣，事實上，別人對人講客套的原因之一是你自己講客套。要善於主動融入親友的家庭，和他們家的孩子做朋友，幫親友家做一些自己力所能及的事情。例如，輔導親友家的孩子的學習，幫老人幹一些體力活，都是很好的選擇。

第四部分：學習問題

34、學會學習

學生如是說：

上了大學後，走進圖書館，上了專業網站，才知道「知識海洋」不是一個被誇大了的形容詞，而是一個事實的真實寫照。看來，死讀書是解決不了問題的，必須學會學習，否則，再苦、再累也無濟於事。這就是我上大學一年後的真實感受。

分析與建議：

進入大學後，面對浩瀚的知識海洋，特別要講究學習策略，以求事半功倍之效。

學會學習，即掌握學習策略的路徑有許多，譬如：

向老師求教；
向學長請教；

更直接、更有效的方法是到圖書館找一些心理學方面，尤其是學習方面的書來閱讀，從中尋找對自己適用的方法。

下面介紹一種典型的課堂筆記形式：5R 筆記法。它幾乎適用於所有的大學生。

5R 筆記法誕生於美國康乃爾大學，所以又名康乃爾筆記法，它幾乎適用於一切課堂自學場合。5R 即指由 5 個「R」字母開頭的術語：(1) 記錄 (record)，在聽講或閱讀過程中，在主欄內儘量多記有意義的概念、論據等；(2) 簡化 (reduce)，隨後（或課後）將主欄中內容恰當概括，並簡明扼要地寫進輔欄（回憶欄）；(3) 背誦 (recite)，即遮住主欄內容，以回憶欄中的內容為線索，敘述課堂上（或閱讀中）學習過的東西（不要求機械地敘述，而是在充分理解的基礎上用自己的話敘述），敘述過後，再撇開主欄，核實所述之正誤；(4) 反省 (reflect)，即把自己聽課或閱讀時的想法、意見等，寫在卡片或筆記本的某一單獨部分（與課堂記錄內容分開），並加上標題和索引，編製成提綱、摘要，分類別群；(5) 複習 (review)，每週花一定時間快速瀏覽筆記，主要是看回憶欄。

35、大一時，想瞭解自己的專業怎麼辦

學生如是說：

大一基本上都上通識課、基礎課，很少涉及專業課，新生往往非常渴望瞭解點自己的專業。這時該怎麼辦？

分析與建議：

正確理解通識課、基礎課與專業課的關係。吃飽肚子的是最後一個饅頭，但前幾個饅頭的作用你一定不能否認。

自己可以先找一些專業書看看，隨便翻翻也是有益的。

多聽一些與專業有關的講座。

與學長、學姊們多一些接觸，向他們瞭解專業情況。

上網查找有關資料。

36、對所學專業不滿意怎麼辦

學生如是說：

我填志願的時候，全是父母做的主，他們說這個系前途好，問我如何？我說：「你們說好就好。」進了學校我才知道，我並不喜歡這個專業。

我的志願，倒是自己選擇的，但那時根本就不懂，覺得名稱挺新鮮的，就報了它，誰知我既不喜歡，也不擅長。

當時我一心想上明星大學，專業問題壓根就沒考慮，家長與老師也是這麼鼓勵我，進了學校才知道，專業才是最重要的。唉，現在可沒辦法了。

分析與建議：

填報志願時的盲目性，是一個很普遍的現象，錄取時也使一部分同學沒能如願以償地上到自己想讀的專業。於是，有些人鬱鬱寡歡；有些人則是混日子。當然，這都不是明智的做法。

以下三種選擇可供你參考：

一是轉系。大部分學校都有相關的政策，當然不是隨心所欲，也要花一筆考試費用。

二是培養興趣。興趣不是不可以培養的，剛進校時，你可能不喜歡這個專業，但學了一段時間以後，你可能會愛上它。這種情況並不少見。

三是利用業餘時間鑽研自己喜歡的專業。等到大四報考這個專業的研究所。跨一個專業，說不定能獲得知識結構上的優勢，但對現在所學專業也不能放鬆。

37、學習動力下降了

學生如是說：

進入大學後，我發現我的學習勤奮程度同高中相比，大大下降了。雖能按時完成學業，但卻比較被動，甚至是應付。分析了一下，學習動力不足是最大的原因。高中階段，一直是以考上大學為唯一的學習目標，可現在一旦目標實現，就產生了鬆懈心理，希望在大學裡好好享樂一番，沒有及時樹立起進一步的學習目

標，造成了考上大學前後有了「動機落差」。況且到了大學後各種誘惑都隨之而來，我又是一個自我控制能力比較差的人，很容易受到別人的影響。如此一來學習動力自然不比以前了。

分析與建議：

平心而論，一個人的學習動力不可能在任何一個時期都是處於最高點。有漲有落也是正常現象。高考前的一段時間大部分人都是最為拚命的時候，高考一結束就放鬆下來了，也確實需要放鬆一下。但這段放鬆期要有度，如果進了大學還是長期放鬆，那就必須要進行調整了。

進了大學門以後，學習動力從哪裡來？

盡快樹立自己新的奮鬥目標，有了明確的目標，自然就會有精神。還可把這個目標寫成文字，放在醒目的地方，時時看到，以作警鐘長鳴。

對自己全面分析，與周圍環境中的人作比較，當看到自己的種種不足與差距的時候，知恥而後勇。

分析就業形勢，看到大學擴招後職位競爭之慘烈；瞭解社會對人才要求的不斷提高，緊迫感便會油然而生。

38、放鬆不得

學生如是說：

過了「獨木橋」，進大學就可以痛痛快快玩了！這是大一新生在高考前經常聽到的一句話，如果把善意的哄騙當成真的，最終玩出的大學是失敗的。

走過高三的那段非人類生活，儘管分數不高，但也算是一名大學生了，我總算是自由了！來到學校，我毫無新生的戀家情結，心中很坦然，從此我的生活便是自由支配，不再受父母的約束，這真是「翻身農奴把歌唱」。星期六、星期日的日子真無聊，一下子多出來這麼多時間還真是不習慣。動員全宿舍的人圍成一桌打牌；圖書館的小說借了一本又一本，還是不夠過癮。剛剛學會上網，聊天真好，電影也好看。就這樣渾渾噩噩地過了一學期，成績單寄到手才發現成績名掉了一大截，簡直讓人無法想像。

記得高中時，我的一個讀大學的學姐給我寫過一封信，我問過她大學生活是不是很輕鬆，她給我的回信中印象最深刻的一句就是：大學生活，你想輕鬆就輕鬆，你想緊張就緊張。如果你只是想混張大學畢業證書，那麼就很輕鬆；如果你有更高的目標，那麼你就會感覺大學生活很苦，可能比高中還要苦！我覺得她說得很對，我也這麼認為！

　　在進行自我分析時，我認識到自己的錯誤、無知。進入大學並不意味著享受，我們還是要學習的，只不過學習的環境和方式發生了變化而已。高中的目標是考大學，大學的目標呢？就業、考研究所。怎麼這樣糊塗呢？新學期開始，我決心好好學習，不能糟蹋時間。人活著，只有空虛的外殼，沒有實在的內涵，有什麼意義？開學後儘管有時也會管不住自己去上網，看看小說，但比上學期充實多了。再加上後來老師的「高壓」政策，連星期六、星期天都沒有了，只得去鑽研我的功課，好在第二學期的成績還不錯。從此，我知道了該怎樣適應這種環境，為自己的未來而努力！

分析與建議：

進了大學就輕鬆了嗎？比起高中，的確是輕鬆些，但萬萬放鬆不得！

想一想吧，父母含辛茹苦，花那麼多錢供我們讀書是為的什麼？

想一想吧，在大學裡毫不吝嗇地揮霍青春，到老了怎能不後悔？

想一想吧，沒有一技之長，今後如何在社會上安身立命？

三思而過後，你還能再放鬆、再放縱嗎？

39、新生在學習上要解決的五個問題

學生如是說：

由於大學的學習環境和學習方式與高中不同，很多新生由於不適應，很難用心學習，到學期結束，才發現沒有學到什麼知識，虛度了時光。我覺得新生一

進校，在學習問題上就要明確五個問題：誰學？為誰學？向誰學？學什麼？怎麼學？

分析與建議：

這五個問題提得很好，下面分別作答：

誰學？答案非常明確：自己學。大一新生們務必要認清自己的學習主體地位，要充分發揮學習的主動性。切記「我要學」，不是「要我學」，一定要成為學習的主人。

為誰學？在就業競爭日趨激烈的今天，同學們自然會考慮到畢業以後的出路問題，我們要清醒地認識到，上大學不是為父母學，為老師學，是為自己學。「態度決定一切」，明確為誰學後，學習動力越大，也就越能學好。

向誰學？我們首先要向老師學，但這還不夠，還應該多留心教材，教材是專業學習的最基本工具之一，務必多看多做筆記。僅看教材還不夠，還要到圖書館借閱相關資料，閱讀相關雜誌以及報紙和網路訊息。

此外，還有一個重要的方面，向社會學。要積極參加學校組織的社會實踐活動。

學什麼？學知識。大學生的最主要任務就是學習知識，當然可以不僅限於本專業的知識，凡是你的志向職業所需的理論，都要主動的學習。

學能力。我們要培養自學能力、發現和解決問題的能力，這就要求我們遇到問題多思考。我們還要培養表達能力和社交能力，這對我們今後的工作很有用處。

學素質。這裡所講的素質包括道德素質、意志素質、身體素質等等。誠實、守信、文明等良好的品德修養會使你在競爭中更勝一籌。做任何事不可能一蹴而就，堅持再堅持才能勝利，這需要堅強的意志和毅力。「身體是革命的本錢」，有一個健壯的體魄，才能應付學習工作中的壓力和挑戰。

怎麼學？科學制定計劃。同學們對自己一學期、一週、一天的學習要做個基本規劃，要有自己的作息時間表，並嚴格照此執行。

充分利用課堂。上課不僅要從老師那裡學到知識，更要注意老師的邏輯推理，把握知識體系，把老師的思維方式學到手。

善於運用圖書館。要利用圖書館，擴大自己的知識面，盡快培養自學能力。

積極參加集體活動。同學們可以透過參加集體活動鍛鍊自己的社交能力，培養團結合作的精神。

40、處理好廣度與深度關係

學生如是說：

上高中時，每學期都是那幾門課，都要學得很熟。上大學就不同了，每學期都有七八門課。如果都像高中課程那樣，每門都精通肯定是不現實的。因此在大學的學習特別要注意廣度和深度的關係。

分析與建議：

在高中的學習，基本都是「命題作文」，老師要你學什麼就學什麼，老師要求你學到什麼深度就是什

麼深度，能達到老師的要求，就很不錯了，就算是符合要求了。雖然有些專家學者說：「高中生也要有自己的學習空間，多讀些課外書籍有好處。」但有幾人在完成學校的題海後還有空餘時間的？

到了大學後就不同了，學習的深度與廣度在很大程度上是由自己來把握的。自我設計，在大學階段得到了充分的體現。為此，我們的建議是：

專業課必須精深

通識課必須要通過，學校設置這些通識課有它的道理，它對完善一個大學生的基本知識結構有著重要的作用。再說一句功利性的話，如果你通不過通識課，也拿不到畢業證書。

選修課則主要考慮自己的興趣、愛好與特長。或選擇一些跨專業的課程，以便把自己打造成複合型人才。

充分利用互聯網、圖書館，不斷擴展自己的知識面。

有深度、有廣度，你才能在以後的工作中游刃有餘，才能在可能的轉型中應付自如，才會有更廣闊的發展空間。

41、培養自學能力

學生如是說：

進入大學以後，以老師為主導的教學模式變成了以學生為主導的自學模式。課堂講授的知識量大、面廣，學生不僅要消化理解課堂上學習的內容，而且還要閱讀相關書籍和文獻資料。另外，大學學習強調自學和獨立思考的能力，老師直接指導減少，學習時間大部分自己掌握，學習的內容如選修課也要自己決定。一味地跟著老師的講課內容轉，滿足於老師所要求的範圍，或把由自己支配的學習時間當成由自己支配的閒暇時間都是不對的。

分析與建議：

在大學裡，自學能力的高低成為影響學業成績的最重要因素；四年大學上下來，有沒有形成較強的自學能力也是評價一個大學生是否合格的重要標準。現

在提倡「終身學習」，唯此才不會被社會所淘汰，而終身學習則需以自學能力作為基礎條件。

什麼是自學能力？自學能力是指按照自己的意圖、依靠自己的力量主動去獲取知識的能力。包括閱讀學術著作的和科技期刊的能力，檢索數據庫的能力以及在網路上查閱訊息的能力，熟練地使用多種工具書的能力，查找文獻資料的能力。

自學能力的培養首先是自己要學，如果自己不要學，一切都無從說起。

自學能力的培養前提是要有自主意識，要強烈意識到，只有自己才是自己的主人。

自學能力只有在自學過程中才能培養起來，它需要量的累積，才能發生質的飛躍。

在自學過程中光埋頭苦幹還不行，還要不斷思索、分析、調整自己的學習方法，以期找到最合適自己的學習路徑。

自學與課堂學習並不對立，大學生應利用自己的有利條件，把這二者有機結合，有效互補。

42、充分利用大學的資源

學生如是說：

大學裡擁有很多資源，關鍵在於如何最充分地加以利用。資源放在我們面前不加利用，或不加以充分利用，就是浪費自己的金錢、時間和生命。

分析與建議：

有些人上大學只得到一張文憑；有些人上大學卻收穫頗豐。原因自然是多方面的，其中很重要的一條就是看你是否充分利用了大學的資源。

大學裡有許多資深教授，你去請教他，大多數教授都會「誨人不倦」。從他們那裡，你能得到許多許多。而你不去請教，只能說是你浪費了資源。

大學裡有許多學友、學長，與他們多交流，尤其是學術交流，定會有如浴春風之感。

大學裡經常有各種講座。一個人的講座，通常是他研究中最得意的部分。也就是說，他把自己研究中最精華的內容貢獻給你了。不去聽，實在是一種極大的浪費。

大學圖書館有大量的書籍供我們閱讀，語音室、多媒體教室也是擴充知識的絕佳場所。有人說：「在大學裡，不利用圖書館，等於大學沒上到一半。」這話並無誇大之嫌。

與社會相比，大學裡有著濃郁的學習、研究氛圍。但這種氛圍中，最容易靜下心來學習知識、培養能力。

四年的光陰，在歷史的長河中、在人生的旅途中只是一瞬間，浪費這種不可再生的資源，後悔是早晚的事。

43、勞逸結合是學習的最佳方法

學生如是說：

背著書包匆匆往返於宿舍、教室、圖書館，三點一線的每一天以打開書為開始，合上書為結束。這樣的生活會讓我感到充實。但有時會突然感到很煩躁、空虛、無聊，壓抑淹沒了我，我感到孤獨，寂寞。為什麼在瞬間，單調、枯燥就奪去了我的熱情？孤獨、寂寞會擊垮我的耐心？我感到很煩惱。

我將煩惱告訴了一個網友，請求他給我幫助。他說，每個人都有享樂的慾望，為什麼有的人控制不住而縱情於玩樂，而有的人卻能夠把握得很好？關鍵在於一個人的自制力和毅力。但對自己過分的嚴格也會走向極端，會使自己崩潰。所以，當你在書堆中感到煩惱、寂寞時，就從書堆中走出來，放鬆一下自己，然後再學，這樣可能會好一些。後來，我採用了這種方法，果然效果極佳，我不再感到煩躁。孤獨寂寞已遠離了我。每一天，我過得充實又快樂。由此而得出結論：勞逸結合才是學習的最佳方法。

分析與建議：

報刊中介紹名人尤其是科學家的文章，大多是描述他們學習、工作如何廢寢忘食，很少談到他們的娛樂休閒。其實，懂生活，才懂學習，才懂工作，愛因斯坦就是一個不錯的小提琴手。

高中時代尤其是高考前的那種拚搏，是一種非常行為，它既不能持久，也不能得到最佳效果。

在大學裡，我們要學會勞逸結合、有張有弛、以學為主、多樣調節，努力把自己培養成懂生活、懂工作、懂學習和有知識、有能力、有抱負、有情趣的人。

44、面對新課程

學生如是說：

剛進大學時，我非常害怕上電腦課。由於以前我從未接觸過電腦，上課我什麼都不會做，連最簡單的打字、操作滑鼠我都不會。看著別人玩遊戲、打字，我心裡好著急，覺得自己就是一個電腦白癡。上理論課更是聽不懂，老師講得好像都是天書，我怎麼也搞

不明白。但我知道在訊息世界裡，電腦的作用有多大。於是我就暗暗下決心，一定要學好。

一切從零開始，我埋頭苦學，一學期下來，期末考試竟然考了全班第一名。這樣的成績更增添了我學電腦的激情，興趣也越來越濃。後來，只要關於電腦方面的課，我都喜歡學，學起來也不覺得吃力，成績也一直遙遙領先。

回首從進大學到現在學電腦的過程，我覺得幹什麼事都要對自己有信心，還要有恆心。「世上無難事，只怕有心人」。

分析與建議：

對學習新知識的畏懼，是人類的普遍心態。

新課程不一定是難課程，開始可以有點搞不明白，一旦入了門，你就有了興趣，再過一段時間，你可能就會游刃有餘。

重要的是要有信心，相信自己的基本素質。就拿學電腦來說，許多人並不是笨，而是對電腦有恐懼症，

不敢去碰它，當然沒有掌握它的可能。

相信自己並不比別人笨；相信只要有投入，就有回報，投入與回報呈正比。以這種心態對待新課程，沒有什麼可以難倒你的。

45、如何學習通識課

學生如是說：

大學裡有不少通識課，大一時就更多。許多同學對通識課都不感興趣，老師講得特別風趣的還聽聽，否則就根本不聽，或者做其他作業。有些人甚至都不能及格。通識課真的是沒有意義的課嗎？

分析與建議：

一個人的知識結構應該是既有深度，又有廣度；既精通專業，又博學其他。這才是一個真正有價值的人。正因為如此，學校才會設置各種通識課。

我們要端正對通識課的態度，要充分認識到通識課的使用價值及對自己的意義，部分實用性強的通識課，如外語、政治、數學，要當成專業課來學習。

　　通識課大部分是必考科目，即使從功利性的角度來看，至少也要通過它，否則會拿不到畢業證書或學位證書。就算你不喜歡它吧，但「PASS」卻是必不可少的。現在大部分學校都是沒有補考，只有重修。重修可不好玩，浪費錢浪費時間。

　　當然，我們也要坦言承認，在通識課上花的時間不可能和專業課一樣。那應該怎麼學呢？

　　我們的建議是：上課認真聽講，課後稍作整理，考前突擊複習。如能做到這一點，對付考試肯定不會有問題了，而且還可以學到一些有用的東西，對充實自己、豐富自己也會有很大的幫助。

46、如何學習選修課

學生如是說：

大學生對選修課的學習一般說來興致較高，認為選修課可以開眼界，擴大自己的知識面，而且選修課的學習要求不嚴，學生較少產生逆反心理。但選修課在大學生心目中的地位和份量畢竟不如專業課和通識課，學生真正投入的精力不多，學習目的比較模糊，學習動機不強，上課時注意力集中程度不高，很少發揮主觀能動性。

分析與建議：

有志者，做一事成一事，既然已經投入，就一定要得到回報。學習選修課，也應當有這樣的心態。

我們選這門課，不正是由於對這門課有興趣嗎？這就為學好這門課奠定了基礎。我們應當充分利用這個資源。

有些同學，跨專業考研究所。而引發這一念頭的，往往就是來自於選修課。

對選修課的學習，應注意不要僅僅停留在淺層的瞭解和獲知，要杜絕為了撈取學分才選修某些課程或「選而不修」的不正常現象。

47、參與研究

學生如是說：

有些學校提供了本科生參加研究項目的機會(SRT)。如果有，要珍惜。我曾參加了關於一個心理學實驗的全過程，雖然做的只是一些查找資料方面的工作，但是在導師和幾個研究生的指導下，我知道心理學研究是如何進行的了。以前也在書上看到過心理學研究的方法與步驟，但親身參與了一次，感覺大不一樣。

分析與建議：

一些教育界人士感嘆如今的大學生對分數、過級、拿證的熱情非常高，而對研究能力的培養卻不是那麼

注重，這實在是個很大的失誤。他們認為，大學生不培養自己的研究能力，只有華美的包裝，而無真才實學，今後何以安身立命？

一個沒有任何爭議的結論是，大學生要爭取機會、創造機會、珍惜機會去參與研究活動。

參與的目的不在於你出了什麼成果，而在於你學到了做研究的方法。

參與的方式可以多種多樣，哪怕是打雜（多數情況下也只能是打雜），參與了也有收穫。

當然，如果你僅僅去打雜，那意義就小得多了，你要做有心人。「眼觀六路，耳聽八方」，多思考，多分析，多總結，一句話，學到真本領。

在這種參與中，別考慮你的名與利的問題，你的所得就是參與，別人能給你一個參與的機會，就是給你的一種報償。

48、考試焦慮

學生如是說：

按說我們都是久經考場的老將了。可在大學裡每次考試時，心裡總是沒底，慌慌的。以前的考試王，竟然也擔心起考試來了，真是令人汗顏。

分析與建議：

所謂焦慮，是指對前景不確定性的一種擔憂。考試前出現焦慮，是一種正常現象，一點焦慮沒有，反而不正常。

為什麼在大學裡考試焦慮勝過在高中的時候呢？原因是：

在高中時，考試前都有老師幫你複習，大學裡可沒有這一說。

剛來到一個新環境，周圍的同學水平如何，心裡沒有底。

平時學習不如在高中時那麼努力，臨陣磨槍自然有點慌。

現在大學裡普遍實行學分制，考不及格也沒有補考，就得重修。不僅要交錢，也丟面子，還得再花時間精力去重修，所以壓力的確不小。

克服焦慮，最重要的是要有實力，俗話說：「藝高人膽大」。要想考試時從容，就必須在平時下功夫。

掌握一些心理學知識，科學地調節自己的心態，也可以克服焦慮。

49、通過多益 550 分

學生如是說：

我來自偏鄉，英語底子不好。我明白自己跟別的同學比有很大差距，別的不說，單就英語聽、說兩項就足以要我花比別人更多的時間和精力來彌補。還記得上學後的第一節英語課，因不適應老師的全堂英語教學，一堂課下來，什麼都不知道，真是「如聽天書」。

於是，以後我就給自己施加壓力，有空就抱著英語書。為了鍛鍊聽力，我咬咬牙，從本來就不多的生活費中拿出一部分錢買了隨身聽和英語聽力。除了堅持每天聽之外，我也給自己定了一張英語學習時間表：

每天早上必須抽出至少半小時讀英語課文或往年優秀模範文；

上午 12：00-12：30，下午 6：00-6：30 收聽英語講座：

晚上睡覺前一定要學會至少 15 個單字；

平均每天做一篇閱讀理解，每兩天做一套四級全真或模擬試卷，做完後，逐題核對答案，把那些做錯的題目收錄到專門的錯題集內，並標注出錯原因和正確的解題思路，以及解此類題目所用到的詞法、語法規則等。

蒼天不負有心人，考試時雖然作文寫跑了題，但我還是順利通過了多益 550 分。

分析與建議：

上四年大學，如果通不過多益 550 分，唯一的解釋只能是下的功夫不夠。

別用什麼「多益考試有諸多缺陷，通過了也不能說明什麼」的話，來為不能通過多益 550 分自我安慰。合理不合理是別人的事，通過不通過則是你的事。如果說通過了不能證明什麼，那麼通不過證明了什麼呢？

現在大部分學校都把能否通過多益 550 分與能否拿到學位證書聯繫在一起了。所以，我們在這裡要討論的話題不是要不要通過，而是如何通過。

下面，就通過多益 550 分的問題，我們給大家提一些技術性建議：

聽力方面：聽力是最好拿分也是最容易失分的一項。我們除了要堅持多聽多練以外，還要培養良好的聽力習慣。對於一個句子，要尤其注意關鍵性詞語，包括數字、年月、人物、地點、動作等。對於短文，要從整體把握，連結上下文，瞭解短文大意，切不可

停留在思考一個單字或一個句子的意思上。聽長句時，要注意關鍵性的詞語，要儘量用自己的話把大意理一遍。聽力是試卷的第一部分，過好聽力關是一個良好的開端。

閱讀方面：閱讀要靠平時的累積，平時讀得多了，自然會有一個質的飛躍。做閱讀理解時，要找到適合自己的方法，有的同學是先讀題目，大概知道要解決什麼問題，然後帶著問題去文章中找答案，做到有的放矢，把閱讀重點放在問題的回答方面，這樣既節省了時間，又有了比較高的準確率，而且對於閱讀中的陌生詞彙可根據前後文揣測它的意思。但這種方法並不是適合所有的人，關鍵是找到適合自己的方法。

單項選擇：這其中一半是詞彙題，一半是語法題，現在可能增加了詞彙題量。做語法題，一般人都不成問題，因為有了高中的基礎已經差不多了，正確率也保持在 90% 以上，而詞彙題就在於你的詞彙量了。要拿這部分的分就要看自己平時下的工夫怎麼樣了，單字背了多少。其實掌握大量的詞彙，不僅對這方面有好處，對閱讀理解、填空等各方面都有好處。詞彙是英語學習的基礎，所以大家每天都要抽出一定的時間背單字，單字背得越多越好。

完形填空、翻譯或 short answer：在考試時，這三部分只選其一，做填空和 short answer 與做閱讀理解差不多，先得通讀，瞭解大意，然後一題一題地去做。包括語法、詞彙題目，做填空時，還要培養自己的語感，當然這一切都要靠平時的累積。做翻譯時，要抓住關鍵詞，要注意主詞，句子成分千萬不能缺，關鍵詞也不能翻譯錯。另外，對關鍵詞不能注重表面意思，而要看它在整個句子環境下的意思，因為同一個詞在不同的句子環境中可能有不同的意思。

作文方面：英語作文在考試中的重要性很大。若作文低於 6 分（總共占 15 分）還要倒扣分。平時，我們要多練，老師布置的作文一定要認真完成，不能草草應付。在考試準備期間，要多背一些優美的句子，掌握三段式法。在正式考試時，首先要確定主題，然後列提綱。在句型上，在能夠保證句子正確的情況下用一些複雜句，如果不能確保，就用簡單句代替。文章前後要注意首尾呼應，如果能在第一句和最後一句用上優美的複雜句是更好的了。

50、過了多益 550 分以後

學生如是說：

經過上學期的努力，我順利通過了電腦檢定和多益。在高興之餘，我提醒自己在新的學期應該有新的、更高的目標。於是，和大多數過了多益的同學一樣，我買了多益英語詞彙，暗暗下決心這學期通過 750 分。

可是，事情總是說起來容易、做起來難。在背多益英語詞彙的時候，我發現詞彙明顯比考 550 詞彙難背，大多數詞又長又難讀，而且對我們來說很陌生。有的時候，我在教室呆一個下午，也背不了多少單字。背單字很枯燥，那我又轉向做閱讀。但閱讀比我想像的要糟，不但文章加長了，而且滿眼看上去都是生詞。一篇文章讀下來，我連大概意思都不明白。沒辦法，還得背單字！在這樣反反覆覆中，我的信心和銳氣都在受著打擊，我甚至想過放棄 750 分。可是，難道我就這麼不堪一擊嗎？想想上學期，面對九門功課和學生會的工作，我都能通過電腦二級和英語四級，我是怎麼做到的呢？當時我克服了許多困難，抓緊一切課餘時間學習。那麼，這學期僅有五門功課，我為什麼沒有信心通過 750 分呢？我想也許有兩個原因：一是

自己覺得 750 太難，通過的機率較小，從心理上畏懼它；二是潛意識裡認為自己通過了電腦檢定和多益 550，已經可以拿到學位證書，過不過 750 不再是至關重要的了。

分析與建議：

如今，大部分大學生對過多益 550 都有一種「責無旁貸」的感覺。但許多人在過了 550 以後則鬆懈了下來，不是不想再提高，而是幹勁不足了。這難怪，人天生有惰性，得過且過的念頭誰都有。

其實，過 550 本身既是目的，也不是目的。說是目的，過了 550 可增加自己就業的資本，提高考研究所的可能性。說不是目的，考多益 750 可增加自己學英語的幹勁。目前，英語是事實上的世界語，不能嫻熟地掌握它，日後會有諸多不便。

更重要的是，人應該有所追求，否則生活將變得空虛、乏味，忙起來，生活反而變得充實。「小人閒居為不是」，「無事生非」，不是一點道理沒有！

所以，過了 550 以後，還要「找事做」，750 分通常就是下一個目標吧。

51、通過電腦檢定

學生如是說：

不怕大家笑話，在進大學之前，我從未親眼見過，更別提親手摸過電腦了。但是，在當今訊息技術高速發展的社會，不會電腦等於文盲。為了適應社會發展，更為了自己以後能在社會上立足，我暗自下定決心，一定要學會、學精電腦。

說到過電腦檢定，我那專心勁讓我自己也佩服！每次上課我都遵守預習、聽課、複習三部曲。課前，我都會將老師要講的東西儘量看懂，將不懂的題目在課上認真聽老師講解或課下問老師。課上順著老師的思路走，並踴躍發言。課後，我及時看書以鞏固老師講解的內容。另外，我有兩本電腦檢定筆記，一本錯題集。兩本筆記中一本用來記老師的內容，另一本記自己預習和複習時的所思所想。而且，我的那本練習冊，誰看了誰都會嫌我寫得亂，除了我！因為在做題時，我喜歡將當時的所思所想寫下來，當以後複習時，

便於對題目有更深的瞭解。當走上考場時，我倍感自信，令人遺憾的是我沒有考到優秀，僅拿到一張合格證書。

經歷了大學一年的生活磨煉，我總結了一句話：「無論做什麼事情，你的態度決定了你的高度！」

分析與建議：

10 年前有個留學生從美國回來，有人問他電腦在美國的普及程度。他說，在美國不會用電腦，就像在中國不會騎自行車。當時以為他誇大其辭，現在看來此言不虛。

也許，在你今後的工作、生活中可能用不上英語，但肯定要用到電腦。由此觀之，學電腦具有更強的實用性。

52、在考研究所與就業間徘徊

學生如是說：

步入大三，也是應該決定自己將來究竟要幹什麼的時候了。是步入社會，找一份工作？還是考研究所繼續深造？這個問題一直困擾著我。假如考研究所的話，費用那麼大，考慮到父母的年歲已大，又是花苦力氣賺錢，我不想讓他們再吃苦了。可是假如工作的話，又害怕將來的競爭激烈，自己所學的知識不夠而失敗。到底怎麼辦呢？

分析與建議：

關於大學生的出路，無非有這麼三種可能：

就業
考研究所（含出國讀研究所）
先就業，然後邊工作邊考研究所

這三種選擇，說不上哪種好，哪種不好。對於大學生來說，重要的是及早、明確地做出決斷——究竟走哪條路。最不好的狀態，是不斷在就業與考研究所

間徘徊，時而想考研究所；時而想就業，結果一頭也沒弄好。

客觀地分析一下自己，如果更適宜於理論研究，可考慮考研究所；如更擅長實際操作，則可去就業。

對於家境不是太好的同學來說，考研究所及延期工作，可能會考慮費用的問題。其實這關係並不大，可以申請助學貸款，讀研究所時還可以打點零工，如果是幫導師做研究還可一舉兩得。

53、決定考研究所以後

學生如是說：

決定考研究所以後，也不會是一帆風順的。種種困擾（外部的和內部的）會時時試圖動搖你的決心。

考研究所的人非常辛苦，每天重覆著三點一線的生活；各種考研究所資費的龐大支出令人不堪重負。

更多的則是心理上的「藉口」。如：考不上算了，今年就當練兵，明年再來；文憑有用嗎？還不如去工

作算了；我又不算聰明，能與別人競爭嗎？

凡此種種，使得一些體力、財力、心力不濟的部分考生提前退出了「戰場」。

「考研究所」是對我們的又一次考驗。

分析與建議：

人生貴在立長志，而非常立志。

決定的事就要去幹。

任何有意義的成功都得付出艱辛的勞動，否則這成功就沒有意義。有大學生會為把小學六年級的數學題做了個滿分而歡欣鼓舞的嗎？

你可以不選擇考研究所，一旦選擇了就要努力去幹，就要有信心去幹，就要想幹好。三心二意，左顧右盼不是強者所為，不是智者所為。

心定了，心靜了，有了足夠的心理準備了，接下來就要做好以下各項準備工作：

對考研究所的定位：是僅想考上研究生？還是選擇要較好的學校和專業？

對自身競爭力的定位：自己的知識與能力與他人作比較處於一個什麼樣的位置？

選擇哪個城市，選擇哪所學校？

瞭解相關訊息：包括該專業招生計劃，有的學校招生名額看似不少，保送名額卻占去一大半。同時要瞭解專業的培養方案、課程特色、畢業生就業情況、教授陣容和專業發展方向等。

選擇導師。

訊息尋找的途徑有：
設法接觸教授現在的學生。
上網，在該校的論壇、聊天室中瞭解有關訊息。
通過圖書館的期刊數據庫查找導師的文章、情況。
直接與導師聯繫。

54、決定就業以後

學生如是說：

懷著對未來的一片美好展望，我到處投寄我的履歷，多為石沉大海；懵懵懂懂中頻繁出入人才交流會，卻未找到虛待之席。願望和理想是美好的，現實卻是殘酷的。

這種種際遇讓我清醒，我開始審視自己。審視自己的能力，審視自己所學的專業。我開始後悔，後悔大學三年被我浪費掉的寶貴光陰，後悔在大一剛進校時沒能好好瞭解自己，瞭解所學的專業，沒能給自己好好·定位。如果一開始就能清醒地認識到現在的就業形勢，瞭解到自己的特長、自己的能力、自己的興趣愛好，然後做一番規劃，給自己定個位，找準自己的發展目標，好好利用起大學的四年時光，那大學的生活就應該是充實的，是有意義的，最後就業的時候也應該是有實力、有資本的。

為成功職場生涯奠基，第一步該如何跨出？該怎樣找準最適合自己的位置？保持怎樣的心態？

以我目前的專業水平和學校狀況，我不能把就業單位定位定得太高，只要這個單位適合自己的發展就是好的單位。好高騖遠，眼高手低都不適合自己就業的選擇，要將理想與現實好好的結合起來。

在就業的過程中，積極健康的心態也是很重要的。我們不能盲目自大，自我感覺良好，自以為高人一等，過高的猜想自己的素質和各方面的能力，盲目樂觀；也不能有自卑心理，膽怯畏縮，不敢勇敢地去求職。要好好的估計自己，以一顆平常心去對待求職就業，要將自己的優勢發掘出來。

另外，我也做了思想準備，準備著去單位吃苦。那種追求安穩舒適的工作，缺乏闖勁和艱苦創業精神，害怕吃苦，不願受累的思想，在當今的社會是行不通的！有這種想法的人終將碌碌無為！工作都是人做出來的，不管將來的工作怎樣，我都會全力以赴，努力做得最好！

分析與建議：

首先要好好想一想，自己最適合幹什麼？如果不瞭解自己，你的幼稚在以後的面試過程中會暴露無遺，

同時會影響自己的前程。

在確定自己的目標時，我們不能盲目追隨潮流，什麼流行什麼，時代是變化發展的，沒有什麼會永遠盛行，要結合自己的實際，根據自己的愛好來選擇。

猜想 90％的畢業生在找工作過程中自尊心都可能受到傷害，可是不要因此失去信心。

一定不要懶惰和灰心喪氣，但要事先有最壞的打算。雖然是「車到山前必有路」，但也要想到「人無遠慮，必有近憂」。

在苦苦尋找工作、在求職戰場上拚殺的過程中，更重要的是對自己心態的調整，堅持再堅持，多一份毅力，多一份理智，多一份細心，我想成功就會在眼前。

求職經歷同樣是個人學習和成長的過程。在挫折中他學會如何包裝自己，如何用適當的語言表達自己，如何調整自己的心態，如何調整自己先前的定位。

不要總想一步登天——第一次找的工作就是理想的工作、理想的職位。有時，「騎在馬上找馬」可能是更好的選擇。

一個人職業發展的道路一般是從低到高，有一些「藍領」、「灰領」的經歷對剛畢業的大學生來說並不一定就是壞事。

最值得信任和依靠的就是自己的實力，不要對任何人有依賴思想。

具體準備工作有：

確定合理的就業目標和擇業標準。

做好身體素質的準備。大學生應養成良好的生活習慣，積極參加體育鍛鍊，自覺遵守作息時間，形成學習和生活的規律，作好身體素質的準備。

進入人才市場的準備。進入人才市場，意味著「雙向選擇」，意味著競爭。因此要瞭解求職擇業的技能和技巧。準備一份求職材料，寫好求職信和自傳（實事求是，簡明扼要）。

面試時舉止大方自然，穿著與身份相符。

心理準備：克服自負、迷惘、逃避、消極等心理，調整心態，處理好自我價值實現與社會需求的關係。

55、魚和熊掌不可兼得嗎

學生如是說：

進入大學，和在高中最大的區別就是不能「兩耳不聞窗外事，一心只讀聖賢書」了，我們應該「風聲、雨聲、讀書聲，聲聲入耳；家事、國事、天下事，事事關心」。可面臨的一個問題是，抓了學習，就會陷入學習的漩渦之中；抓了各方面能力的發展，又會丟了學習，如何才能二者兼顧，魚和熊掌都得到呢？

在學生會組織的一些比較大的活動中，我們有時忙一整天，看著別的同學在認真學習，心裡也挺著急的。確實，工作與學習是個矛盾體，而且兩個都是大頭，一個都不能鬆懈。說實話，我到現在都找不到個好方法來妥善處理。

分析與建議：

學習科學文化知識與培養社會活動能力在時間上可能會有一些衝突，但從本質上來說並不矛盾。它們如同車之兩輪、鳥之兩翼，都是發展自己不可或缺的兩個方面。因此不要認為這兩者中的任何一個是負擔。

時間是擠出來的。在大學裡，時間相對來說還是比較寬裕的，只要充分、合理的安排，學習與社會活動完全可以安排得下來。

工作時努力工作，學習時努力學習。由於我們時間緊，所以我們就不會浪費時間，所以我們就能提高效率，換個角度看。這還是一件好事呢。

第五部分：交往問題

56、老同學新同學

學生如是說：

大一初期，與老同學的聯繫最為頻繁。信件是每週一次，而且是和多個老同學通信，電話、簡訊也是很多很多。你來我往，好不親熱！相比較而言，與新同學的交流則比較少，很多事情寧可不遠千里，與老同學分享。

分析與建議：

老同學是指以前小學、國中、高中的同學；新同學是指在大學裡剛接觸的同學。

這種現象很正常，原因是：

畢竟與老同學相處了三年、六年，甚至 12 年。一分開，彼此之間的思念一時難以化解。「老朋友」之間習性相知，共同的話題多。

老同學都是同鄉，語言溝通沒有任何障礙。

和新同學剛剛認識，彼此之間都太客氣、太矜持。

不是每個人都習慣首先敞開自己的心扉，去接納新夥伴，彼此之間的熟悉還需要一個比較長的過程。

與新同學共同話題不多。

生活習慣、語言上的差異使得交流在客觀上有一些障礙。

老同學的友誼的確值得珍惜，尤其是少年朋友的友誼最為純真，千萬不能因時空的原因而捨棄這一片情。因此，必要的聯繫不可少。與老同學的聯繫，最好不要大一時太多，大二、大三時漸少，到大四以後就幾乎沒有了。要常流水，不要「一暴十寒」。

我們畢竟是與新同學朝夕相處，我們與新同學不僅是同學，今後有很大的可能性還是同行。建立起良好的關係，有利於我們的生活；有利於我們的心境良好；有利於我們的學習；有利於我們今後的工作。因此，與新同學的關係一定要建立好，而且要盡快建立好。

謹記：老朋友都是從新朋友來的，主動與人接觸是高素質的表現，也能給對方留下良好的第一印象。

機緣湊巧的時候，我們還可以接觸老同學的新同學；新同學的老同學，擴大自己的交往空間。有一首歌中唱道：「朋友多了路好走！」

57、交往的圈子要大一些

學生如是說：

我和王某同住一個宿舍。由於我們的家庭背景比較相似，家境都不怎麼好，性格又比較相似，開學不久，已成了很好的朋友。我倆無話不談，一塊兒吃飯，一塊兒自習，一塊兒上課，幾乎幹什麼事都在一起。直到有一天班導師說，你們兩個人不要老在一起，只顧自己，而不顧及他人。這時，我才意識到自己已疏遠了許多人。的確，交一個真正知心的朋友很重要，但同時也不能疏遠其他人。一個人生活在一個集體中，應該懂得和各種人相處，應該關心他人，而不應該生活在兩個人或者幾個人的圈子裡。

從那以後，我和她就儘量分開，能不在一起就儘量不在一起，儘量多找一點時間和其他人交往。雖然剛開始還不習慣，可是漸漸也就適應了。而且，從和其他人的交往中，又學到了許多人的長處，同時也得到了許多快樂。

我想，善於和不同的人交往，將來走上社會才會游刃有餘。俗話說：「在家靠父母，出門靠朋友」。我們一定要多交一些朋友。天下人皆朋友（不同層次的）才更好。

分析與建議：

魯迅先生說：「人生得一知己足矣。」人本主義心理學家馬斯洛說：「一生當中最知己的朋友不會超過兩三個。」的確，要想人人都成為知己實屬不切實際的奢望，但這不是把自己囿於狹窄小圈子的理由。圈子太小，會導致視野狹窄、訊息量不足，心理需求得不到充分滿足，缺乏必要的人生經驗。

朋友有不同類型、不同層次，不是每一個朋友都是心心相印、志同道合。也不必只有心心相印、志同道合才能成為朋友。只要在某一個方面談得來，玩得來，就可以成為朋友。例如，棋友、球友。

我們應該廣交朋友，但卻不能濫交朋友，對那些品質上有缺陷的人，要毫不猶豫地避讓三舍。

58、有一顆寬容的心

學生如是說：

小李和小王住在同一個宿舍裡，小王出生在偏鄉，家境比較清貧。不過，在偏鄉樸實的民風薰陶下，在父母勤勞善良的感染下，小王非常善解人意。而小李家境比較好，她雖然心底也很善良，但很任性，也會經常發脾氣。有一段日子，小李老是衝著小王，對小王的態度一點也不好。

剛開始時，小王以為小李遇到了什麼不順心的事，也沒放在心上。可是一連好幾天都這樣，小王也意識到小李就是衝著自己，心裡也難過起來。雖然，小李一次次衝動的話傷害了小王的心，小王總是憋在心裡

沒有發洩出來，也沒有回擊小李。她把這一切埋藏在心底，讓時間來磨平一切，她不想讓自己討厭這個宿舍，畢竟要同在一個宿舍相處四年。而且她堅信自己的寬容總有一天會感動小李，畢竟小李本質上並不壞。結果證明小王是對的。過了一段時間，小李也意識到自己的過，她主動找小王道歉認錯。小王也原諒了小李，以後，她們倆人成了好朋友。

以一顆寬容的心來對待別人，必定會帶來完美的結局，假如當時小王以另一種態度來對待小李，可想而知，結果會怎麼樣呢？

分析與建議：

牙齒和舌頭還打架呢，何況同住一個宿舍的不同的人，一點矛盾沒有是不可能的，但一般也不可能有什麼不可調和的衝突。只要有一顆寬容的心，化解這些矛盾只是談笑間的事。

人與人之間的許多矛盾、衝突，有時並沒有多少實質性的內容，只是為了賭一口氣而已，主動退讓一步，哪怕是在形式上退讓一步，矛盾就會化解。

寬容不僅可以化解同學、朋友之間的一些矛盾，還能給自己帶來心情的愉悅和身心的健康。試想，如果一個人因自身不夠寬容而時時陷於各種矛盾、衝突之中，他會是一個幸福的人嗎？

59、與老師溝通

學生如是說：

大學老師與高中老師最大的區別是什麼？最大的區別是他（或她）很少會主動問你聽懂了沒有，掌握得如何，學習方面有什麼困難，有什麼要求。並且，教室是學生與老師溝通的唯一場所，通常還沒有固定的教室，在不同的教室上不同的課。那麼在與老師接觸的這短暫的時間裡，我們應該如何與老師溝通？又如何解決學習上的問題呢？

分析與建議：

他（老師）不找我，我也不找他。是許多大學生與任課老師關係的寫照。但這肯定不是一個明智的選擇。與任課老師溝通，你一定會有許多收穫。

你一定要主動，他（老師）一般不會來主動找你。

溝通不是套關係，你要有所準備，在課前預習，課後複習，課上認真聽講的前提下，對話才有基礎，才有品質。

還可以幫老師做點事（業務上的），你可能名利雙不收，但卻可以瞭解做那件事的全過程，以及具體操作方法，對你今後自己做這件事很有助益。

60、與父母多聯繫

學生如是說：

如果我有一段時間不打電話回家，爸媽就會打電話來詢問情況，問「怎麼最近不打電話回去啊」、「現在學習緊不緊張啊」之類的問題，時常叮囑我要吃飽穿暖。愛子之心可見。俗話說：「兒行千里母擔憂」。我們永遠是父母心頭的牽掛。

分析與建議：

大一新生的想家期，大多數人一般兩個月後就會基本結束。但你可知道，父母想你的時期卻永遠不會結束。不是說理解萬歲嗎？我們也要理解父母，「常回家看看」一般不太現實，可與父母多多聯繫卻不難做到。

可以用寫信、電話、簡訊的方式進行聯繫。由於通訊的發達，寫信的聯繫方式被人們用得愈來愈少，其實，電話與簡訊肯定不能替代寫信。理由是：寫信是對自己寫作能力的一種鍛鍊；文字方式易於抒發自己的感情；紙質可保存，是一份珍貴的回憶。

例行的報平安，可用簡訊。
商量事情，最好是電話。
表述感情，當然是微信。
至於內容，通常有下述幾個方面：
讓父母瞭解自己最近忙於什麼。
有什麼新的想法與打算。
有什麼事情要與父母商量。
有什麼問題要向他們討教。
問候家中的情況及老人的身體狀況。

如遇到困難，尤其是父母沒法幫助我們解決的困難，最好不要多說。說了只能讓父母乾著急，而又於事無補。在這個問題上，需要來一點「報喜不報憂」。

　　俗話說：「家信不厭其煩」。你的事情無論多小，父母都願意知道。

第六部分：心理世界

61、我不再出類拔萃

學生如是說：

在高中時代，我的學習成績總在班裡的前五名，而進入大學以後，卻在三十名左右徘徊。沒有了以前的優越感，沒有人來問我問題，我也不願意去請教人家，我該怎麼辦？

在大學校園裡生活一段時間之後，你會驚訝地發現自己不再是以前那個白天鵝了，卻一下子淪為了醜小鴨。到處都是比自己強的同學，山外有山，人外有人，自己的身邊臥虎藏龍，強手如林，自己正一步步的被人超越。原先的躊躇滿志全沒了，這種感覺讓我失落了好一陣子。

分析與建議：

是的，你不再出類拔萃，因為你周邊的「對照組」不同了。如果你上升到更高的層次，這種感覺會更加明顯。

但你也不必自卑，因為你也不是一無是處。你可能某個方面不如某人，但在另一個方面也有自己的特色；你還可能總體上不如某人，但在某些方面還是超過他；你可能在這個階段不如某人，但到了另一個階段你又超過他了。同理，你在某個方面、某個階段超過某人，也不意味著，你將處處超過他，時時超過他。

　　其實，人與人之間這樣的比較並沒有多大意義，一個人最重要的是不斷發展自己，超越自己，而不是不停地與他人比較。即使你超過了某人，這又如何？世上比你更高、更強的人還有許多許多。

　　調整自己的心態，回歸到自己為大學生活的定位中去，每天不停頓地一步一步向前走，你就有寄託，就有自信，就有發展，就有成就。

62、理想的幻滅

學生如是說：

年輕人都會有自己的理想，而大學生就更富有理想。

有些同學在高中時期往往都是學習資優，成長過程比較順利，所走的道路比較平坦，一般都樹立了遠大的抱負。進入大學，離開了父母的庇護、老師的寵愛，常會發現現實並不是如他們自己所想像的那樣，因此，心理矛盾隨之而生，產生很多苦惱。比如：學習上所得成績與自己所期望的有很大差距；同學之間關係不融洽，也不像在高中那樣別人都圍著自己轉，受到特別的尊重；抱怨交不到知心朋友等等。

這種理想的幻滅往往使我們深深地陷入苦悶之中。嚴重的會就此迷失方向，陷入苦悶中而不能自拔，終日怨天尤人，有的甚至會產生逆反心理、報復心理，這對自己、對社會都是有害的。

分析與建議：

年輕人富有理想是天賦人權。

年輕人的理想有時過於理想化也是實際情況。

人是要有抱負，但更要有恰當的抱負水平，抱負水平如果過高，總是會體驗到失敗，這無論是對自尊心還是自信心都是一種打擊。

大學生應該深入地分析自己，深入地分析環境，看到自己的優勢，也看到自己的不足；看到環境有利的一面，也看到環境嚴酷的一面。

有的理想是能夠實現的，但不是一步就能實現的，因此要把理想具體化，分為幾個步驟，這將使自己時時體驗到成就感，進而增強實現理想的動力。

切莫因小小的挫折而放棄理想，也不要把實現理想之路看成是一片坦途，這就是我們應有的心態。

63、自己的事該由自己來決定

學生如是說：

高考填志願時，別人慎之又慎，而我卻沒把這事放在心上。當時，我覺得自己只管學習，其他的事一概不管，都由父母來決定。而爸爸媽媽也沒考慮到我的興趣問題，他們覺得在醫學院能夠學到一門專業的技術，而且將來的工作也比較穩定，所以在我的第一志願上都填的是醫學院。在爸媽將填好的志願單給我看時。我只是看了一下，什麼都沒想，就這樣交給老師了。

結果，我沒被醫學專業錄取，而被教育技術專業錄取。現在我對自己的專業不是很感興趣。回想起來，我真是後悔，為什麼不在填志願時多考慮一些呢？畢竟是關係到自己前途的大事啊！也許是從小到大什麼事都由父母決定，使我缺乏主見，懶得去決定，也害怕去考慮吧！不過，這一切也給了我一個教訓。現在，我已離開父母，遇到什麼事都得由我自己去面對，去抉擇。每當我在問題面前退縮時，就想到這件事。它似乎給我增添了勇氣，想到它時，我就要對自己說：「我要做一個有主見的人，不能一輩子依靠父母。」

在以後的人生中，我還會遇到許多事，它們都要我自己去面對，去抉擇，我相信自己會做得越來越好！

分析與建議：

自己的事自己決定是一個人成熟的標誌。

自己的事自己決定是一個人成長過程中必然面臨的課題。

過去，我們受到過多的照料與呵護，由此而衍生過多的依賴與無助，「再也不能這樣活，再也不能這樣過」。

當然，自己決定自己的事，不僅要有這種理念，還需要學著做科學的決策。

自己決定自己的事，並不是不要徵詢他人的意見，尤其是父母、師長的意見。遇到大事，與人商量商量，沒有什麼壞處。

獨立意識是我們必須要著重培養的。生活上，我們不可能永遠依靠父母；學習上，我們不可能過多地

依賴老師。未來的世界是要靠我們自己去創造的，沒有人能讓我們依賴到永遠。

64、角色轉變中的困惑

學生如是說：

進入大學，可謂完成了一個多年的夙願。可前方的路很長，也很迷茫，再沒有父母的叮嚀，也少了老師的囑咐。大學生成為了一個獨立的人，這是一次重要的角色轉變，轉變的品質如何，關係到以後的人生道路。

分析與建議：

從高中到大學的這一轉變必然會帶來一系列問題，我們應該積極應對。我們原來是被動的接受一切。而現在不同了，我們有了自己的思維空間，我們要獨立的承擔一切後果，從被動到主動，角色上發生了根本性的變化。角色的轉變可以為我們提供很多的機會，讓我們去發展，我們應該好好地把握。

角色的轉變是一件必然的事情，也是一件痛苦的事情，在這轉變的歷程中，將不可避免地感受到困惑，體驗到陣痛。

「獨立」的人，這麼一個新角色讓我們感到亢奮；遇事時失去依賴又讓我們體驗迷茫。

新角色給予我們更多的自由；新角色也給予了我們更多的責任。

人們期盼積極進入新角色；人們有時也會退縮，希望回歸於那熟悉的老角色中。

其實，困惑是肯定的，退路是沒有的。正視這一改變，適應這一改變，是我們唯一的選擇。

暫時不適應可以原諒自己，但要努力去適應。

一時做得不夠好，那也沒關係，但要去做，並在做的過程中不斷反思，逐步做得越來越好。

人生就是在不斷地從不適應走向適應，一步步走向成熟的。

65、性格內向的人怎麼辦

學生如是說：

當我收到通知書的時候，我就擔心像我這樣具有典型內向性格的人能不能適應開放的大學生活。我知道我的弱點，我也試圖改變我自己。我逼迫我自己參加學校的各項活動，想多與同學、老師交流。雖然情況有所改變，但結果還是不能令人滿意。特別是和女生交往更是如此，我甚至還沒跟班上的某些女生講過話。像我這樣的情況在大一新生中還是有不少的，特別是來自偏鄉高中的學生。

分析與建議：

首先要說明的是，性格的內向或外向，是一種個性差異，說不上誰比誰好。在有成就的人當中，你可以找到許多外向型的人，也可以找到許多內向型的人。所以，不必因性格內向而有半點自卑。

不過，坦率地說，內向的人在適應新環境、在建立人際關係方面，是要比外向型的人要慢一些，甚至要差一些。如果你覺得在這一方面需要改善，可聽聽

我們的如下建議：

　　不要強求自己一定要交友如雲，事實上，交朋友更應重視品質，而內向型的人在這一點上可能會做得更好。

　　不要強求自己能迅速適應新環境，有時，慢一點適應環境的人，反倒能更深刻地理解環境。

　　多參加活動，尤其是在活動中表現出主動性。

　　與人交往時，不要有太多的想法，不要有太多的顧慮。你以為別人不理你而不與之交往，可能別人心裡也是這麼想的，這真是個天大的誤會。

　　如果一時改變不了自己，就不要去改變，我就是我，幹嘛非要和別人一樣，當然也不是非要和別人不一樣。你「忽視」了這個問題，可能反倒解決了這個問題。

66、那揮之不去的失眠

學生如是說：

失眠已困擾了我好久，每當我心裡有什麼事或有什麼壓力時，就會失眠。1、2、3、4、5、6、7，睡不著真得很著急，每當我覺得睏了，就歪倒在床上，可身體一挨著床，腦子又清醒了。然後我就數綿羊，可數到 1000 隻羊了，眼睛還大大地睜著。乾乾澀澀像空洞的黑夜，我的心情被焦慮燒得像夜色一樣黯然。唉，這樣痛苦的體驗不知經歷了多少次。

夜裡睡不好，白天沒精神。如此下去，我的學習生活怎麼辦？當今社會的競爭是如此激烈，我怎麼可以以這樣的精神狀態去面對競爭呢？我真的好擔心，可是越擔心越睡不著，越睡不著越擔心

也曾想過吃安眠藥，可想到安眠藥的副作用又不敢吃。也看過許多關於催眠方面的書，可是對我來說，根本起不了作用。我明白自己之所以失眠是因為心理問題，也曾試著儘量放鬆自己不去想那些令人煩心的事，可是真要做到那樣，何嘗是簡單的事！唉，如何才能擺脫失眠呢？

分析與建議：

失眠是大學生中常見的心理問題。大學生的失眠，基本上都不是身體的關係，而是心因性的。但不管是什麼原因，它的實際危害總是客觀存在著的。

如果不是身體器官的病因，吃安眠藥不會有太大的用處，有時還會產生副作用。實在要吃，也應在醫生的指導下服用。

對睡眠品質要有個正確的期待，不要看到人家埋頭便睡，就覺得自己一時不能入眠就不正常。有時，正是由於這種不切實際的期待導致自己的失眠。做什麼事都要有個平常心，睡眠亦如此。

年輕人不要太自我關注，最好是把注意力集中於外部世界，集中於各種各樣的活動，太關心自己，就是產生各種心理問題的原因之一。

還可以學習用漸進性肌肉鬆弛法、放鬆訓練法等行為訓練的方法使自己心情平靜，身體、肌肉放鬆而使睡眠得以改善。

大部分大學生的失眠都是階段性的，通常什麼也不做也會自癒，所以不要有太大的心理負擔。

67、應對挫折的心理防衛措施

學生如是說：

上高中的時候總以為上了大學，什麼都好了，老師和家長也是這麼說的。上了大學以後才知道，事情並不是如此。無論是生活上、學習上、情感上都不可避免地會有這樣或那樣的挫折。唉，真是人生即痛苦！我該怎麼辦呢？

分析與建議：

儘管我們經常祈禱萬事如意，一帆風順，但是在人生的道路上，挫折絕對是不可避免的。對此，我們一定要有心理準備。如果說世界上有從未遇過挫折的人，那這人肯定是個白癡（因為他不能感受、理解挫折的存在）。

如果你能深刻地認識到這一點，你的心態就會平和下來了。

接下來，我們向你提供一些心理學中有關應對挫折的心理防衛措施，一定對你有參考價值。

主動遺忘。如果說挫折已經發生了，並且無法挽回了（如失戀），應盡快地、主動地把引發挫折的那件事遺忘掉，不要老去想這件事。因為你為這些事去悲傷、難過、嘆息，不僅無助於問題的解決，反而會增加你思想上的負擔，使你的身心受到壓抑。

積極轉移。有時，要想很快將它遺忘很困難，更有效的辦法是進行積極的轉移。可以用看電影、打撲克、下棋、打球等健康而有意義的活動，使緊張、抑鬱的情緒鬆弛下來。

宣洩。宣洩有直接和間接兩種方式。直接宣洩即直接針對引發挫折的刺激。當直接宣洩於己於人都不利時，可使用間接宣洩。可以向周圍的同學、親友等傾訴，並接受他們的勸慰和幫助，甚至在他們面前大哭一場，訴說心中的委屈與痛苦以舒緩心理壓力。

宣洩的方式必須合理、合法。不分時間、地點、場合，甚至採取違反道德和法律的攻擊行為方式，常會引起不良後果。

合理化機制。當一個人遭受挫折時，還可用「合理化機制」來安慰自己。也就是「吃不到葡萄說葡萄酸，吃到檸檬說檸檬甜」。比如錢包被人偷了，就說是「破財消災」。這從本質上說是自欺欺人，但偶一為之，對於幫助人們在挫折面前接受現實和接受自己，避免精神崩潰，不無益處。但如果用得過多，則是一種病態。

昇華。昇華是改變不為社會所接受的動機、慾望，而使之符合社會規範和時代要求，它是對挫折的一種較高水平的應對方式。當人們遇到挫折時，一味生氣、憋氣，或頹唐絕望，都無濟於事；做出違反法律的報復行為更是下策。正確的態度是將挫折變為動力，做生活中的強者。

以上介紹的幾種方法都值得一試，如果還是不能解決問題，你可以到心理諮詢中心去接受諮詢，那種面對面的交流，效果可能更好一些。

68、大學生談戀愛好嗎

學生如是說：

有些同學，剛上大學不久，就忙談戀愛了。我沒有這麼做，因為在家時父母對我說，要把精力集中在學習上，到學校後老師也是這麼講。可是，現在有同學講，沒有女（男朋友）的人是沒人要的人，是沒有價值的人。再加上，看到校園裡那一對對來來往往的戀人，心裡也不是個滋味。談戀愛到底好不好呢？

分析與建議：

大學生談戀愛到底好不好？這是一個永遠有爭議的、永遠沒有統一結論的話題。我們也不想妄下斷語，強加於人。這裡將擺出正方、反方的理由，然後由你自己做出結論。

正方的理由：

愛情是一種動力，可催人發奮向上。

大學期間本來就是戀愛的季節，「莫待無花空摘枝」。

談戀愛晚了，好的對象就沒有了。

反方的理由：

社會競爭越來越激烈，對人才的要求也越來越高。大學生應把有限的精力投入到勤奮學習，提高自身素質中去。

大學生談戀愛的心理準備不夠，他們還太年輕，社會閱歷淺，缺乏磨煉，情緒上易產生波動，談戀愛成功者易沉迷於其中不能自拔，失戀者則難以控制自己，引發惡性事件。

談戀愛者易陶醉於「兩人世界」，從而影響與其他同學的交往，脫離集體，使自己的個性得不到全面均衡的發展。

大學生缺乏社會經驗，很難對某一個人有比較全面清楚的認識，交友不慎會使自己難以自拔。尤其一些感情豐富的女同學受言情小說的影響，整天疲於感情的糾葛，不能理智地面對事實，迷失了自己。

大多數大學情侶在畢業找工作時，為了能分到一起，互相影響，互相牽連，影響了找工作，有的各奔東西，戀愛成功的機率較小。

正反雙方的理由已擺出，接下來該你做出決斷了。

69、面對失戀

學生如是說：

剛進大學，對一個女孩一見鍾情，幻想或許會有一段浪漫而難忘的愛情。當鼓足勇氣表白的時候，那個女孩子卻拒絕了，從此便一蹶不振，整天是憂鬱的眼神，甚至對生活失去了希望。

暗戀自己班一個女生好久了，卻又不敢對她表白，

怕她拒絕，每次見到她都心驚肉跳，不知所措，連話也不敢說。自己又不知道她對自己的看法，心裡很矛盾，怎麼辦？

有一個女生，可能對我有意思，經常對我關懷備至，可我對她卻一點感覺都沒有，我想迴避她，她又經常來找我，想和她挑明了，又怕傷她自尊心，怎麼辦？

分析與建議：

學校是不贊成大學生談戀愛的，但學校也無權、也沒法阻止學生談戀愛。

既然是談戀愛，就有成有不成（否則就不要談了，直接結婚算了）；既然是談戀愛就有歡樂也有悲傷（要不然也沒味道了）。這一點必須要有充分的認識。

下面，我們試就上述三種情況分別提出建議：

先說第一種情況：

被一個一見鍾情的女孩子拒絕，肯定是個不好受的滋味，但絕不是世界的末日。趙子龍說：「大丈夫只患功名不立，何患無妻。」說句勢利的話，只要你有本領、有出息，好女孩太多太多了。至於非她（或他）不娶（或不嫁），那是中愛情小說的毒太深的緣故，這個世界，離了你地球就不轉了嗎？

我們也承認當事人一時的痛苦。可以去找個好朋友宣洩心中的鬱悶；可以多參加一些感興趣的活動，以「忘記」這件事的存在；索性不再分心於感情，一心一意的投入學習，在學習上創佳績。記住：太陽每天都會升起，生活永遠是美好的。

再說第二種情況：

心理學家告訴我們，人們感到最難受的情況是事情具有不確定性。暗戀者就是在受這種不確定性的煎熬。這可不是一個好的狀態，所以，我們主張應儘早地、明確地、大膽地、巧妙地向她表述你的心。看看自己是否有機會，有可能？如果被對方斷然回絕，那趁早走人；如果還是有希望的，那你就去努力吧。不

過，我們還是要說，真正的努力不是整天跟在人家屁股後面轉，而是要努力使自己更有價值，這才是根本！

最後說第三種情況：

對於有些人來說，去拒絕別人比讓人拒絕更難受。遇到這種情況，正確的做法應該是：不要試圖混下去，這對你不好，對別人更不好。要向對方發出明確的訊息——我和你可以是好朋友，但肯定不是那種關係。現在不會，將來也不會。訊息的表述要很藝術，「責任」應是在於自己而不是對方。在日常活動中也要有意識的迴避對方，老是黏糊在一起，誰都會有些想法。

70、違反了校規

學生如是說：

一不小心犯了個錯，而且這錯犯得還不小。這種情況在大學生中不是絕無僅有。比如我們有個同學，做什麼事都漫不經心，漸漸地發展到經常曠課。直到有一天，班導師告訴他，因為曠課已滿 20 節要記過處分時，他一下就急哭了。

分析與建議：

「國有國法，家有家規」，學校當然也有校規。一旦你違反了校規，那可是法不容情。這裡，我們既不想批評這些犯錯誤的同學，也不想說什麼安慰的話，只是想談談受到處分後，應該如何面對這個事實？如何調整自己的心態與行為？

接受現實，既然「生病」了，就得「吃藥」，沒什麼可說的。

找個僻靜的地方，獨自一人靜下心來好好想想，反思一下自己以前的種種行為。

找班導師或最要好的同學聊聊天，或許他們會給你一些建議和幫助。

回家一趟，跟父母說說自己在學校裡遭遇的種種不如意的經歷，父母會給予開導和關愛。

調整好自己的心態，不要胡亂猜測同學們會怎樣看待自己，這樣只會增加自己的心理負擔。

相信周圍的人對自己並沒有敵意，包括老師、同學在內的每一個人都是關心自己的。所謂「亡羊補牢，為時未晚」，打起精神來，相信自己會做得非常出色的。

　　人的一生不犯錯不可能，犯了錯不敢面對，不勇於改正，是真正的懦夫。

第七部分：社會活動

71、學生社團在召喚

學生如是說：

每當新生進校的時候，各個學生組織和社團如足球協會、詩社、劇團等都會在校園裡搭個展臺招聘新成員。那些學生們會口若懸河，滔滔不絕地對你說他們社團的宗旨、好處等等。鼓動的對像當然是大一的新生啦。這對於剛出籠的小鳥來說，真是眼花繚亂，怦然心動。

在大學裡學生社團不僅數量多，而且社團擁有熱鬧火爆的宣傳、異彩紛呈的各種活動，作為新生的我們還真不知道如何選擇為好。於是就出現了這樣的現象：有的充滿了熱情，見一個報一個，在各種社團之間來回奔忙，雖弄得筋疲力盡，但也忙得不亦樂乎，後來新鮮過去了也就懶得再幹了。有的人卻對它反應平平，一個都不參加。

有些新生躍躍欲試，但怕自己的能力不夠，被人笑話。

其實，這種擔心是多餘的。參加社團並不需要多高的專業水平，只要你對他感興趣，有一定的基礎，這就夠了。「重在參與」是學生社團的真實寫照，而不是對弱者的心理安慰。但也有些人過於衝動，一口氣報了好幾個社團，這也有點過分，參加社團並不是越多越好，這樣做會分散精力，顧此失彼，特別是會影響學習這個主業。

合理的、積極的參加學生社團，可以鍛鍊自己，展現自己的才華，結識很多的朋友，因此參加學生社團對大學生是很有幫助的。適當的參加不僅可以緩解學習的壓力，豐富課外生活，還可以學到很多知識，對提高自己的素質有一定促進作用。

分析與建議：

社團是學生自我管理、自我完善的第二課堂。有的社團能夠輔助學習，有的社團有利於完善個性。好的社團對於培養團隊精神和合作意識能造成有利的作用。

但大學生的時間和精力是有限的，參與社團活動，關鍵不在於數量的多少，而在於品質的高低。

應該切實瞭解每個社團的宗旨和內容，確認適合自己的團體。新生可向師兄、師姐、老鄉瞭解某一社團的基本情況。

沒人強求你一定要參加什麼社團，所以你參加的一定要是自己真正感興趣、有特長的。

切不可盲目參加好多社團，那會花費大量的時間，弄得你整天疲於奔命。

與本專業有關的學術團體應在優先考慮之列。

72、到學生會當幹部

學生如是說：

我參加學生會是在大二上學期。當時我對學生會的概念很是模糊，只知道它是為學生服務的一個團體。具體內容都不清楚。很緊張地經過了面試，終於加入其中了。

一開始時，我比較膽小，做什麼事都放不開，以為認真地完成上面布置的任務就可以了，後來才漸漸明白，僅僅埋頭工作是不夠的，還要不斷自省其身，不斷創新進取。

　　本以為到學生會是當「幹部」，誰知他們盡讓我幹些雜事，早知如此，我真不玩了。

　　分析與建議：

　　學生會是為學生服務的團體，它需要有一批志工為它工作。

　　但志工也不是一無所獲，他們投入的是精力，獲得的是能力。

　　加入學生會，開始定位不能高，要有從「藍領」做起的思想準備。因為開頭你什麼都不懂。從打字、整材料、跑腿做起。要多學習、多觀察，主動參與各種活動、主動與學生會主要學生幹部交流，爭取多做工作，不要覺得吃虧了，而應看成是鍛鍊自己的機會。

在大學學生會幹工作，不能滿足於做老師的「應聲蟲」。要培養獨立工作的能力，要有做創造性工作的意識，這樣你才能有所得。

許多後來真的成為「幹部」的人，在大學裡都有在學生會工作的經歷。

73、怎樣當好班幹部

學生如是說：

在大一班幹部競選中，我成了學藝股長。當選初期，我也曾雄心勃勃，做好榜樣帶頭作用，使大家的「過級」情況大大改善。可後來，我才發覺，並不是我想像中那樣容易。

首先，大家都大了，不再像高中時對老師怕得要命，而且個性也很強，不是想管就管得了的。其次，大學裡的班幹部與高中的班幹部有著很大的不同。前者較後者更加獨立地展開工作，「老師」也不再是掛在嘴邊的具有威脅力的名詞。因此這就需要與同學能更好地溝通，與任課老師也要有更多的聯繫，並且及時地傳達老師的通知和同學對老師授課方式的反映，

在學費、各種考試的費用的收繳上要一絲不苟，出不得一點差錯。

在工作中，總會有人不是太配合，我遇到過好多次這種情況，剛開始時，我很是氣憤。我是在為你服務，你反而怨我，真是莫名其妙！在班會上，班導師對我們說：「我們不能要求同學太多，工作過程中，同學有意見是很正常的，問題是，當你遇到這些困難時，你是怎麼協調的？有時候我們要站在別人的角度來考慮問題，進行換位思考，遇到問題時不要急急忙忙地想著解決方法，而是先仔細分析一下問題出在什麼地方？」在後來的工作中，我心平氣和了很多，覺得效用還是蠻大的。

分析與建議：

把擔任班級幹部為同學服務當成是快樂的事，是自己鍛鍊能力的有效途徑。

當班幹部首先要有責任心和工作熱情，做事要有始有終，把握全局。不要有太強的功利意識。

對於那些對班級工作沒有積極性的同學，班委應

該首先找自身的原因。展開工作時應從學生自身考慮，為他們展現自己才華提供舞臺。

當班幹部要具備或著力於磨煉下述能力：策劃能力、運籌能力、控制能力、協調溝通能力、實踐與示範能力、社會交往能力、宣傳鼓動能力、辨別是非能力、書面語言、口頭語言表達能力等。

班級幹部要把班級的工作當成是自己的事情，熱愛班集體，關心班上的每一位成員。

74、去單位實習

學生如是說：

說到去單位實習，大約所有的大學生都有一種興奮的感覺，甚至有點迫不及待。何以如此？讀了十幾年的書，誰都會覺得有點膩味。到實際工作中一展身手，豈不快哉？

可是啊，到了實習單位，我的心就有點涼了。人家根本不把我們這些大學生當回事？盡讓我們做一些不著邊際的雜事，好像我們是他們的鐘點工。真氣人！

分析與建議：

對於大學生的這種「憤憤不平」，我們不想說什麼安慰的話。我們要說的是：作為實習生，要認清自己的角色，端正自己的心態。

無論你今後到哪個單位，恐怕都要先做一些「藍領」的活，辦公室裡的瑣事、雜事一般都是由新來的人做，這是慣例。實習生就是這種角色。對這種角色，你只能認同。

做瑣事、忙雜事時自己心裡要想到正事。要儘量熟悉工作內容的全過程，多請教肯定不是壞事，更不是什麼丟人的事，因為我們還年輕！因為我們還沒有從事過這項工作！你得主動請教，別人一般不會主動對你說什麼，否則此人便有「好為人師」之嫌。

要有意識的搞好人際關係，我們今後不一定就在這個單位工作，但與這個行業的人多交朋友，多拜老師肯定是有益無害。

75、關於半工半讀

學生如是說：

現在大學生半工半讀是很普遍的現象。雖然半工半讀會占去一定的時間和精力，但一來減輕了家庭經濟負擔，二來也鍛鍊了個人的能力。在大學校園裡，半工半讀的方式有很多，如做家教、利用業餘的時間做兼職工作、在假期中到企業或公司打工等等。我認為，半工半讀是一個大趨勢，但具體如何去做還需要根據自己的實際經濟狀況、學業情況，並兼顧近期利益與長遠利益來確定。特別是不能為了半工半讀而耽誤了學習，這樣就有點得不償失了。

分析與建議：

半工半讀是指在籍學生在校期間，利用業餘時間從事有利於培養學生勞動觀念、自主意識和吃苦耐勞精神、與專業學習相結合的科技文化服務或其他勞務工作，並透過合法勞動服務獲取一定報酬的活動。半工半讀是幫助貧困大學生順利完成學業的一種有效手段。

學生參加半工半讀活動應以智力型及勞務型為主。大學生最普遍的半工半讀方式是家教。除此以外，在校內，學校會安排打字、網路維護、打掃環境、整理文件、發送報紙文件、整理圖書、值班、工作助理等半工半讀職位。在校外可以幫助企業單位做宣傳、促銷，發送報紙、送牛奶、打字、做助理等。學生參加半工半讀活動的時間一般每週最好別超過 14 小時，勞動報酬因時、因地、因工作有所不同。

大一新生剛進入大學最好不要急於半工半讀，在熟悉了環境、適應了大學生活後，一般可以在大二時進行嘗試，但半工半讀的前提是不影響學習，最好徵得老師同意。

76、當家教去

學生如是說：

為了減輕父母的負擔。我決定暑假不回家，留下來當家教。

有一天下著大雨，我一手扶著車把，一手撐著傘，奔波在家教的途中。當時想著別人可能都在家中悠閒

著，而我卻在這，突然覺得心裡好難過。風特別大，我摔了一個跟頭，跌得我好疼，當我從地上艱難的爬起來時，淚水流出來了。我真想現在就丟掉家教，明天立即回家。

晚上，躺在床上，我又冷靜地想了想，我怎麼能就這樣半途當逃兵呢？受了這麼一點點挫折就放棄，我真是太沒用了。想到父母他們靠苦力氣賺錢是多麼不容易，我不能放棄。我對自己說：我要堅強。這個暑假我一下子成熟了許多。我明白了做什麼事都要有一定的心理準備，不要把事情想得太簡單。

第一次拿到「薪資」很是興奮，跑到百貨公司幫媽媽買了個包包，感覺很是不一樣。我想，當家教是個不錯的嘗試，能體會到平時老師講課的感受，感受到老師那種著急的心態。這次家教也算是我的一次社會實踐吧。

分析與建議：

當「家教」是大學生常見的一種打工方式。

對於大學生來說，當家教無非是兩個目的，一是賺點錢；二是參加一下社會實踐。只要不影響自己的學習，這兩個目的中的哪個目的都對，兩個目的同時具有也對。

不過，不要以為當家教是一件很輕鬆的事情。要想得到任何回報，其前提都是要付出。

當家教就是工作，一定要有責任感。

不是會做題目就能當家教，先期準備必不可少。

當家教就是為別人提供服務，別人是消費者，服務的觀念一定要牢固建立起來。

要形成自己做事持之以恆的習慣，即使是出於參加社會實踐的目的，也要做到有始有終。

第八部分：應知規章

77、學分制

學分是用於計算學生學習量的一種計量單位。以學期為單元計算，每學期規定最低獲得學分數，如拿不到相應的學分，則會受到「學業警告」、退學等處罰。

實行學分制的學校，一般允許學生自主安排學習進程，對提前修滿學分的學生可以提前畢業，需學習兩個以上專業的學生，或有其他特殊原因的學生，可以延長學習年限，允許有條件的學生停學創業。有特殊困難的學生也可以暫時中斷學習，分階段完成學業。

78、關於學業證書和學士學位

每一位邁進大學校門的學生最終將獲得畢業證書和學士學位證書。但並非所有的人都能獲取這兩本證書，有的同學畢業時只能獲得畢業證書，而沒有學位證書。同時，畢業證書是獲得學士學位證書的必要條件。如果畢業時只獲得了畢業證書，而沒有獲得學士學位證書，在畢業時基本沒有影響，但在找工作、工

作後考研究所有一定影響。學生在規定年限內，修完一個學業教學計劃規定的課程，修滿教學計劃規定的學分，準予畢業。學分制學校學生如果提前達到上述要求，可以提出申請，由院系審核，教務部門批准，提前畢業，發給畢業證書。符合各學校制定的學士學位授予辦法，授予學士學位。多數學校對多抑或英檢做了相應的規定。

79、助學貸款

助學貸款是以幫助學生支付在校期間的學費和基本生活費為目的，運用金融手段支持教育，資助學生完成學業的重要形式。助學貸款由借款人自己選擇擔保方式並提供符合規定的擔保。確實無法提供擔保，家庭經濟特別困難的學生均可以申請信用方式的助學貸款，即信用助學貸款。信用助學貸款是指在校大學生以個人信譽為保證，經學校介紹人和見證人推薦發放的貸款。

貸款的申請對象所具備的條件是：在校期間的經濟來源不足以支付完成學業所需的基本費用，主要包

括學費和基本生活費；具有完全的民事行為能力；遵紀守法，無違法違紀行為；學習成績較好，能正常完成學業；誠實守信等。

助學貸款分學費貸款和生活費貸款。申請學費貸款最高不超過學生學費收取標準，申請生活費貸款最高不超過當地學生基本生活費。助學貸款期限由學生在讀期加四年還款期組成。貸款的本、專科生畢業後繼續攻讀研究生和第二個學士學位的，在讀期間在其辦理貸款後貸款期限可相應延長，貸款本息在其研究生及第二學士學位畢業四年內還清，「延期」還須雙方協商。

80、傷害事故

因下列情形之一造成的學生傷害事故，學校應當依法承擔相應的責任：

1．學校的校舍、場地、其他公共設施，以及學校提供給學生使用的用具、教育教學和生活設施，設備不符合國家規定的標準，或者有明顯不安全因素的。

2．學校的安全保衛、消防設施設備管理等安全管理制度有明顯疏漏，或者管理混亂，存在重大安全隱患，而未及時採取措施的。

3．學校向學生提供的藥品、食品、飲用水等不符合國家或者行業的有關標準、要求的。

4．學校組織學生參加教育教學活動或者校外活動，未對學生進行相應的安全教育，並未在可預見的範圍內採取必要的安全措施的。

5．學校知道教師或其他工作人員患有不適宜擔任教育教學工作的疾病，但未採取必要措施的。

6．學生有特異體質或者特定疾病，不宜參加某種教育教學活動，學校知道或者應當知道，但未予以必要的注意的。

7．學生在校期間突發疾病或者受到傷害，學校發現，但未根據實際情況及時採取相應措施，導致不良後果加重的。

8．學校教師或其他工作人員體罰或者變相體罰學生，或者在履行職責過程中違反工作要求、操作規程、職業道德或其他有關規定的。

9．學校教師或者其他工作人員在有組織、管理未成年學生的職責期間，發現學生行為具有危險性，但未進行必要的管理，或者制止的。

10．學校有未履行職責的其他情形的。

81、保送研究生和優秀畢業生

免試攻讀碩士研究生指應屆本科畢業生在取得學位證書的基礎上，免入學考試，攻讀碩士學位。一般情況，專業與本科專業相同。新生在入學時應瞭解本學院、本專業保研政策。多數學校規定，大學讀書前三年學習成績總評在本專業應名列前茅；根據免試攻讀研究生的名額，確定排名比例，無課程補考、重修，體育成績達標等。另外，在校期間獲各種競賽大獎，有研究成果或發明創造，在專業雜誌發表論文，在校期間被評為表現良好、獲獎學金等可以被優先推薦。

後記

上大學是人生的一個重要轉折點，大學階段也是步入社會前的一個中轉站，更是大規模補充能源，以獲得安身立命資本的一個加油站。在這一階段的行為表現與其一生生活品質相關。

如今的大學生遇上了比他們的前輩多得多的問題，卻缺乏必要的心理準備與應對策略，因為先前人們告訴他們只要考上大學，就什麼問題都沒有了。事實上，有許許多多的問題需要他們去解決，多數還需獨立解決。如果解決得不好，麻煩可真不小。馬家爵事件便是一個極端的例證。

作為過來人──老大學生、研究生有義務告訴他們的後來者該如何渡過這一段寶貴的時光；作為學校專職學生工作幹部，有責任指導大學新生，什麼樣的生活形態、什麼樣的學習方式最有利於大學生的發展；作為心理學、教育學工作者，有必要把自己的專業知識、生活經驗提供給新一代大學生，以有利於他們的健康成長。

作者

給大學生的81條建議

作者：啟揚、趙曉蘭

發行人：黃振庭

出版者 ：崧博出版事業有限公司

發行者 ：崧燁文化事業有限公司

E-mail：sonbookservice@gmail.com

粉絲頁 ▦　　　網址 ▦

地址：台北市中正區重慶南路一段六十一號八樓 815 室

8F.-815, No.61, Sec. 1, Chongqing S. Rd., Zhongzheng Dist., Taipei City 100, Taiwan (R.O.C.)

電　話：(02)2370-3310　傳　真：(02) 2370-3210

總經銷：紅螞蟻圖書有限公司　　網址：▦

地址：台北市內湖區舊宗路二段 121 巷 19 號

電話：02-2795-3656　　傳真：02-2795-4100

印　刷：京峯彩色印刷有限公司（京峰數位）

定價：260 元

發行日期：2018 年 6 月第一版

◎ 本書以POD印製發行